Bauernhäuser in Mecklenburg
Christiane Schadewaldt

Was übriggeblieben ist, wird wieder wurzeln nach unten
und Frucht tragen nach oben. 2. Könige 19, 30

Christiane Schadewaldt

Bauernhäuser in Mecklenburg

Geschichte von Neuanfang und Tradition

steffen verlag

Karl Schröder über das Leben im Niederdeutschen Hallenhaus

»Wie lebt man in so einem Haus? Man denkt da an sich nicht drüber nach! Es ist nicht die Nostalgie, nur zu einem kleineren Teil, es ist das Wohlgefühl. Allein die Gerüche in einem solchen Haus, es riecht doll nach Rauch, nach gelagerten Äpfeln, es riecht wie bei uns Zuhause.

Im Ratzeburger Land waren die Bauern nie leibeigen: Die Höfe waren ihr Eigentum, weil es Bischofsland war, sie bekamen Steuern, den Zehnten, konnten die Steuern bezahlen im Gegensatz zu den Rittergutbesitzern, sie waren selbstbewusst, durften mit dem Säbel gehen, dann gehörte es zu Mecklenburg-Strelitz, von dessen Herzog sie sich gar nichts sagen ließen.

Der Zeitpunkt zur Ernte wurde vom Schulzen bestimmt, nicht aus Willkür, sondern weil alle Felder zusammen lagen. In dem Hallenhaus waren Fenster für Tiere drin, man hatte eine persönliche Bindung zu Tier und Haus. Man kennt jeden Balken und nimmt die Lehmsteine zur Hand. Im Herbst, wenn es dunkel wird, wenn die Eule ruft, bekommt man manchmal einen Schrecken, hier herrscht eine besondere Atmosphäre. Nach der Ernte, wenn drei Tage gefeiert und gesoffen wurde, hatte jeder Bauer sein eigenes Erntebier. Im Rauch wurden Wurst und Speck desinfiziert.

Das Hallenhaus hat einen gestampften Lehmboden mit einem besonderen Mischverhältnis aus vielen Zuschlagstoffen, das kennt heute keiner mehr so, es bleibt fest und ist nicht staubig.

Man hat die Tiere genommen, die Schafe haben es festgetreten, auch die Pferde, der Schmiedeabfall wurde gesammelt und dann oben drauf, heute ist es immer staubig. Wenn man ihn erneuert, ist er heute so festgetreten, da kommt man noch nicht mehr mit dem Beil rein, die neueren Lehmdielen wurden mit Asbest herüber gewischt, hier im Haus wurde nie etwas verändert, ganz bewusst nicht.

So ein Haus hat gearbeitet, man war nur am Abreißen, es war sehr wichtig für Mensch und Tier, ursprünglich waren da alle Tiere drin, oben wurde Getreide hochgestakt, unten auf der Diele gedroschen. Die Diele war der Lebensmittelpunkt
Über den Aberglauben hat Wossidlo viel geschrieben – Im November und Dezember: Es wird dunkel, es heult und schüttelt, die Blätter treiben, die Menschen dachten an Wodan und Odin, die Pferdeköppe oben auf dem Dach sind zur Abwehr vom Bösen, oben das Giebelkreuz als Abschluss. Die Pferdeköppe in Mecklenburg gucken nach innen, sonst in Norddeutschland eher nach außen. Zimmerleute haben das mitgebracht, was sie kannten aus Flandern, Schleswig-Holstein, Niedersachsen, Westphalen: Die Siedler brachten einiges mit. Das Giebelkreuz hält den First, für den Wendenknüppel gibt es auch eine andere Bezeichnung: Baldurstab, die Forschungen sind darüber nie zu Ende gekommen.«

Karl Schröder, Grieben 20.09.2011

Inhalt

Vorwort

An diesem Morgen umkreist die Sonne das verlassene Bauerngehöft am westlichen Rand von Mecklenburg zwischen Ratzeburg und Zarrentin, führt ihre Strahlen in die Küche, durch die Stuben, auf den Dachboden, streift Spinnweben im Treppenhaus. Auf den Holzdielen fällt ihr Licht auf Zusammengekehrtes.

In der Küche stapelt sich Geschirr auf dem Boden, Goldrand und Muster verblichen. Eine henkellose Teetasse trägt den KPM-Stempel. Wandfliesen im Jugendstilmotiv überdecken Gebrauchsspuren am Spülbecken mit einem Rest von Schönheit. Im Sonnenlicht fließt Staub durch Räume und verteilt graue Gitter auf Fenster.

Im ersten Stock wird das Zurückgelassene persönlich: Alte Briefe, Aufzeichnungen einer Vorlesung aus der Humboldt-Universität, Fotografien, ein unbeholfen gemaltes Ölbild, kleine Bücherstapel. Restmöbel mit deutlich verwohnten Spuren stehen herum, ein Nähkorb mit abgebrochenem Flechtwerk und eine hinter ovalem Plexiglas gerahmte Blume zur Goldenen Hochzeit: Stücke auf nacktem Boden. Alles liegt im Staub.

Dies war Annas Zuhause.

Auf dem Dachboden aufbewahrtes Garten- und Ackergerät, verbogen und wurmstichig die Stiele. Auch die hölzernen Wäscheklammern tragen Zeichen der Zeit. Unter allem verborgen liegt eine starke Antenne für das Westfernsehen. Denn das Bauernhaus steht nahe der Grenze.

Dies war Annas Zuhause. Ihr Mann ist gestorben.

Im kleineren Gartenbereich seitlich am Bauernhaus gräbt eine Nachbarin Pflanzen aus, verpackt sie in Plastik. Vor ein paar Nächten sei ein Traktor gekommen und habe die Buchsbaumkugeln im Vorgarten über die Hecken hinweg herausgerissen. Jeder bediene sich hier.

Dies war Annas Zuhause. Ihr Mann ist gestorben. Vor ein paar Tagen ist sie ins Altersheim gekommen.

Der Bauerngarten liegt geschützt vor der Scheunenanlage. Hohe Buchsumrandung säumt das leicht abfallende Terrain. Gute dunkle Erde liegt brach zwischen Nutzpflanzen, Blüten trägt jetzt nur noch Dicentra spectabilis, das Tränende Herz.

Dies war Annas Zuhause. Ihr Mann ist gestorben. Vor ein paar Tagen ist sie ins Altersheim gekommen. Ihr Sohn wohnt in einem Neubau im Nachbardorf.

Zwei Scheunen, reetgedeckt und parallel Richtung Osten gestellt, erfüllt köstlicher Geruch: Kammer reiht sich an Kammer, wohlversorgt mit Heu und Korn. Gabeln und Schaufeln lehnen an Lehmwänden, alle Viehboxen sind sauber gekehrt.

Warst Du das, Anna?

Haus und Hof dieses bäuerlichen Anwesens am Westrand Mecklenburgs atmen noch in der Atmosphäre eines dichten, arbeitsamen Lebens, auch wenn die Zeit bereits die Last genommen hat und Stille hörbar ist.

Denn Anna ist fort.

Wie viele Jahre war sie das Herz des Bauernhofes? Wie überstand sie mit ihrem Mann die Jahre der Normerfüllung? Wer half ihr durch die neue Zeit EU-Standard zu erfassen? Kauften die Nachbarn die Milch, die heute zum Plündern antraten?

Anna ist fort und ihr Sohn interessiert sich nicht für Landwirtschaft. Verlassen sind Haus und Hof.

Als Anna geboren wird, hat Deutschland gerade den Ersten Weltkrieg verloren. Die Zeiten sind

nicht zum Jubeln. Der Hof, traditionell mit Weide und Vieh, gehört zu den Kleinbauernstellen, von denen es in Mecklenburg flächendeckend nicht allzu viele gibt, denn dies ist das Land der Gutsbesitzer und das Land der Abhängigen.

Als Anna eine junge Frau ist, kommt das Erbhofgesetz. Und wenig später ein zweiter großer Krieg. Er wird Annas Leben und das Land ringsum verändern.

Aber Anna weiß um den Gebrauch des Ackergerätes und ihrer häuslichen Gegenstände. Das Ererbte bleibt ihr. Sie wirtschaftet ungebrochen mit dem Gerät der Vorfahren. Einfach und funktionell erzählt es die Geschichte ihrer täglichen Handgriffe. Das zerbrochene und angeschlagene Geschirr ist ausgemustert und zurückgelassen, aber unendlich viel kostbarer als das Davongetragene: Hat nicht sie die Kerben selbst geschlagen, den Henkel vom Steingut verloren und noch das Verblassende wie einen Schatz gehütet?

Anna. Erinnere Dich. Denn wir haben nicht mehr viel Zeit.

Felder nach der Ernte

◄ Verlassenes Bauerngehöft

Einleitung

Bilder, gemalte wie innere, schöpfen ihr Material aus Eigenem und Anderem. Lebendig für Tagträumer und Betrachter, künden sie von zu Erwartendem und Vergangenem, von Alltäglichem und Fernem. Ihre Sprache schlägt einen Bogen zwischen Zeit und Raum.

Dieses Bild, ein inneres, ist ein gegenwärtiges und scheint doch aus früherer Zeit, es zeigt Mecklenburg aus der Vogelperspektive:

Kleine Dörfer ruhen in Talsohlen, verteilen sich über das Land, weite Flächen grenzen an. Wenige rote Dächer umrunden Kirchtürme, deren Spitzen hoch ins Land reichen. Ausladend stehen Häuser unter ihren Dächern. Sicher verankert und umgeben von grünen Feldern. Friede im Dorf.

Da nähert sich vom Horizont eine aus vielen weißen Wellen bestehende, breite Sanddüne. Sie streut den Sand fein über Dorf, Kirche, Feld und Land. Allmählich bedeckt der Sand alles dörfliche Leben. Nur langsam entgleitet das Bild, fern der äußeren Realität, auf einer Fahrt über das Land meinem inneren Auge.

Ist die Geschichte der dörflichen Bewohner Mecklenburgs unter Sand begraben, so könnte sie mit dem Bewusstsein von unwiederbringlichem Verlorensein dort ruhen bleiben. Denkbar wäre aber auch eine Form von Annäherung, die das noch Vorhandene vorsichtig von Sand frei macht, einen Augenblick ans Licht hält und dann wieder an den Platz stellt, den es heute einnimmt: Ausgraben, was der Sand erstickt hat und alte Bilder in neue, gegenwärtige einfließen lassen. Das Gewesene aus dem Schutz der Vergangenheit lösen und beim Betrachten den Blick schärfen für die Gegenwart.

Denn unser Gedächtnis, eine Art Archiv für Zurückliegendes, bewahrt Wertvolles und Kümmerliches, Atmosphärisches und Widersprüchliches. Nur lassen sich die Einzelteile nicht immer im Zusammenhang sehen.

Dennoch wirkt dieses Archiv der Geschichtslosigkeit entgegen.

Die Geschichte der Bauern in Mecklenburg, harsch und voller Brüche, hat bis heute kein gelassenes Verhältnis zu sich selbst. Die Jahre nach 1945 haben tief in das bäuerliche Gefüge eingegriffen, traditionelle Lebensformen aus dem Gleichgewicht und für Landwirte erschütternde Erfahrungen gebracht. Erst vor dem Hintergrund der geschichtlichen Entwicklung des Bauernstandes bis 1945 wird Zusammengehöriges und Fremdes, Greifbares und Verlorengegangenes erkennbar.

Bestehendes hat seine Zeit, ist Wandel unterworfen, zum Untergang bestimmt. Das Leben im dörflichen Mecklenburg bildet davon keine Ausnahme: Brauch, Sitte, Werkzeug, Bauweise, umgebende Natur, auch Abhängigkeitsverhältnisse sind betroffen. Der feine weiße Sand der Geschichte bedeckt. Er kann festhalten und konservieren, was Menschen über Jahrhunderte geschaffen haben, aber auch für immer verschütten.

»Die überlieferten Wohn- und Wirtschaftsgebäude, die sich weitgehend aus den Bedürfnissen der Einzelwirtschaft entwickelt haben, entsprechen heute weder den Anforderungen der sozialistischen Landwirtschaft noch den Bedürfnissen eines kulturvollen Wohnens und Lebens«, schreibt der Rostocker Professor Karl Baumgarten 1965, und ruft wenige Sätze weiter zu einer Inventarisation der Altgebäude

◄ Mecklenburgische Landschaft bei Alt Meteln

Bauernhaus im
Schweriner Land

in Mecklenburg auf, da die Bauernhäuser einen Teil des nationalen Kulturerbes darstellen. Die tradierte, landestypische Kulturform der Einzelwirtschaft als unzeitgemäß zu bewerten, entsprach der Ideologie der Zeit, dennoch wurde dankenswerter Weise geschichtlich Wertvolles dokumentiert.[1]

Was konnte an historischen Bauernhäusern in Mecklenburg in die Gegenwart hinübergerettet werden, da sie nicht in ihrer ursprünglichen Funktion zurückzuholen sind?

Trotz einschneidender Abrisseuphorie in den vergangenen sechzig Jahren gelang es sie als Form zu bewahren. Als Herzstück, besonders in Zeiten äußerer Orientierungslosigkeit, hat sich das Bauernhaus als Schnittpunkt einer langen Geschichte und als architektonischer Ausdruck der Lebensform eines Standes erhalten. Das macht seine Wohnkultur zeitunabhängig, dass die Würde einer Kette von Generationen auch dort nicht auslöschbar scheint, wo die jüngere deutsche Geschichte dem Bauernhaus seinen Stempel aufgedrückt hat. Menschen vom Land und aus der Stadt, Handwerker, Intellektuelle und Künstler, die sich bereits zu diesem Zeitpunkt in der DDR leerstehender und verfallener Bauernhäuser annahmen, hatten Teil an der Produktivität vergangener Geschlechter. Dabei entsprach der Besitz eines alten Bauernhauses nicht unbedingt einem nach rückwärts gerichteten städtischen Verlangen. Einerseits kam er dem Wunsch entgegen, diese Häuser vor dem Abriss zu bewahren, sie vom Zugriff der Moderne zu befreien. Andererseits war es der Wunsch aus dem Konformen auszubrechen, um abseits der Städte in die Stille einzutreten, eine Art Rückkehrwunsch. So wurde auf andere Art der Spiritus loci des mecklenburgischen Bauernhauses konserviert, den Christa Wolf – vorübergehend Eigentümerin eines solchen Hauses – in »Sommerstück« umschreibt: »Und wir, aus weitauseinanderliegenden Landstrichen zusammengekommen, und sehr verschiedene Muster in uns tragend dafür, wie ein Haus sein soll – wie können wir alle beim Anblick eines mecklenburgischen Bauernhauses das gleiche Gefühl haben, lange nicht mehr gekannt. Das Gefühl, nach Hause zu kommen?«[2]

Heute, gut 20 Jahre nach dem Ende der DDR, stehen in Mecklenburg auf dem Land Traditionszusammenbruch und Reste von Traditionsbewusstsein nebeneinander. Das Bauernhaus spiegelt in seiner Erscheinung diesen Vorgang.

Auch wenn ein Wiederanknüpfen an alte bäuerliche Lebens- und Wirtschaftsweise nach 1990 nahezu ausgeschlossen ist, so beherbergt es neben Privatpersonen auch Menschen, deren Leben als moderne Landwirte und Agrargenossenschaftler geprägt ist von dem Veränderungsprozess. Es ist ein spannendes, geschichtlich bewegtes, aber nicht immer einfaches Leben für die Bewohner, Traditionszusammenhänge in einem fast versunkenen Stand herzustellen und lebendig werden zu lassen. Generationsübergreifende Wurzeln lassen sich nicht zu einem Bild montieren, sondern bringen auch das Bewusstsein von Verlust.

Aber bildet es nicht eine besänftigende Geste der Geschichte nach der Zerschlagung der klassischen bäuerlichen Wirtschaftsweise das Herz der bäuerlichen Kultur- und Lebensform im Land erhalten zu haben?

Das vorliegende Buch mit seiner Auswahl von Geschichten aus Bauernhäusern in Mecklenburg zeigt an siebzehn Beispielen, wie die Bewohner, eingebettet in die Landschaftsform, das traditionelle Bauernhaus mit ihren unterschiedlichen Lebensformen ausfüllen: Ohne den Geschichtsprozess aufhalten zu können haben sie schrittweise den alles verschüttenden Sand der Geschichte aufgegraben und zurückliegende Generationen Schattenrissen gleich in ihre Lehm- und Backsteinhäuser eingeordnet. Ihre Träume vom Leben im mecklenburgischen Bauernhaus, manchmal dem Nichts abgezwungen, sind zu einem wichtigen Element im Wiederherstellungsprozess geworden. Es sind Menschen, die ihre eigene Realität nicht abkoppeln von der Lebenszeit vergangener Bewohner.

Spürt man sie in ihrem Haus am Ende einer Landstraße, mitten im Dorf, zwischen den Feldern, verborgen in Mulden, an der Küste oder an kleinen Seen auf, hat man endlich einen Zugang gefunden zwischen Linden, durch Feldsteinmauern und Holzzäune hindurch, so glaubt man sich in einem Haus bei Menschen, die gegen die Zeit stehen, Menschen, die uns zum Trost Elemente einer nahezu untergegangenen Bauernkultur ans Licht halten. Ihre Zuneigung zu dem alten Haus ist Selbstbehauptung und Notwendigkeit geworden. Die siebzehn ausgewählten Porträts stehen stellvertretend für viele andere im Land, zu denen der Weg in den zurückliegenden drei Jahren nicht führen konnte. Die Porträts sind geordnet nach den einzelnen Regionen in Mecklenburg.

»Den Handschuh aufnehmen«
Im Grenzgebiet von Utecht

Dicke Büsche von Hortensien am Eingang des mächtigen Hauses und ein alter Gemüse- und Blumengarten daneben, Blicke hinterm Haus auf weite weiche Inseln von baumbestandenem Grün und auf der anderen Seite Gänse im Anmarsch: Das könnte ein altes intaktes Dorfbild mit Bauernhaus ergeben. Sind dann noch vor dem Haus Gehwege breit und sandig angelegt, zeichnen sich passende Erinnerungen abrufbereit ab. Milde gestimmt steht der Betrachter am Gartenzaun, richtet seinen Blick auf ein steingemauertes hochgiebeliges Bauernhaus, wartet aber innerlich auf Widersprüchliches, befindet er sich doch im ehemaligen Grenzgebiet auf mecklenburgischer Seite am Nordostufer des Großen Ratzeburger Sees in der Gemeinde Utecht, die, aus einem slawischen Rundling entstanden, bereits 1230 im Ratzeburger Zehntregister erwähnt wird. Wechselvoll ist die Geschichte:

Zunächst zum St. Johanniskloster in Lübeck gehörend, das als Benediktiner-Kloster seit 1177 dem Evangelisten Johannes geweiht ist, ist der Ort von 1375 bis 1747 Eigentum des Ratzeburger Domkapitels, kommt danach als Enklave erneut zu Lübeck, zu dessen südlichen Vororten eine Fährverbindung über die Wakenitz besteht. 1937, knapp 200 Jahre später, kommt Utecht an Mecklenburg zurück. Da die Geschichte nun einmal nicht edel, hilfreich und gut gegenüber den Menschen ist, führt der Aufenthalt im grenznahen Bereich zu einem Mangel an Eigenständigkeit und freier Willensentscheidung in dem Augenblick, als eine hermetische, die innerdeutsche, Grenze zum Ausgangspunkt für neue Erfahrung

wird: Was vorher durchlässig war, erstarrt nun und legt seinen Schatten auf die Zeit. Hat die Natur am See noch ihren Zauber? Muss die Erinnerung an ein Miteinander mit Menschen vom jenseitigen Ufer verblassen? Mit welchem Licht hält man sich schadlos, wenn die Zustände niederdrückend erscheinen?

Seit Existieren der Halbhofstelle im 15. Jahrhundert sind Herausforderungen an der Tagesordnung. Keine Zeit für Dornröschenschlaf. In näherer Geschichte, 1860, wird das Bauernhaus mit seinem Rohrdach im Gewitter ein Opfer der Flammen, aber bereits 1862 wieder aufgebaut, die 34 Hektar große Halbstelle ist weiterhin ertragreich. Immer lebten drei Generationen unter dem Dach. Aber nun, in der unmittelbaren Nachkriegsära, sind Wege und Stege genommen: Unrettbar scheint verloren, was alltägliche Ordnung war. Das Bewusstsein von Grenzenlosigkeit,

◄ Eingangstür zum Bauernhaus

Dekoration auf altem Hofgerät

Ehemaliger alter
Bauerngarten

gegenwärtig trotz aller erlittenen Härte der vergangenen Jahrhunderte, verkehrt sich nun zu der Erfahrung einer Grenzsituation. Die geographische Abgrenzung von Vertrautem macht dem Empfinden von Unbegrenztheit ein Ende. Die Landschaft in ihrer geschätzten Weite erhält Zaun und Pfosten, Draht und Minen, die Menschen in Utecht Posten und Wachen.

Im Haus lebt man nun zur Miete und getrennt von der Verwandtschaft außerhalb des Ortes, kann den See nicht mehr als Badestelle benutzen. Das betrübt vor allem die heute noch im Haus lebende Mutter, die nach Schwerin zum Baden fahren muss: »Nach der Wende habe ich zum ersten

Mal wieder im See gebadet. Das war hart, denn ich bin im Wasser großgeworden.« Früher war der See im Winter zugefroren, so dass man von Ratzeburg aus herüber laufen konnte. Nun trennen zwei Streifen im Dorf die Menschen vom See. Eine Kaserne für die Volkspolizei wird gegenüber dem Haus errichtet, später zugunsten der LPG wieder abgerissen. Zwangsumsiedlungen in den fünfziger Jahren und noch 1961 führen zu Angst um die Existenz des Hofes.

»Diejenigen Bauern, die ihr Soll nicht erfüllen konnten, wurden bei Nacht und Nebel mit ihren Möbeln überallhin verladen, nach Greifswald beispielsweise. Bald das halbe Dorf wurde zwangs-

umgesiedelt. Nur drei Bauern blieben. Wir hatten Angst. Man kam nicht zur Ruhe, man hatte plötzlich alle seine Nachbarn verloren.«

Dabei hatten die Dorfbewohner in den Kriegstagen genügend durchlitten, es gab fast keine Familie, die nicht Gefallene zu beklagen hatte, sich im vorsichtigen Umgang mit kriegsgefangenen Franzosen üben und Flüchtlinge aufnehmen musste. Bei Kriegsende besetzen zunächst Engländer das Dorf, wenig später Russen.

Im Grenzgebiet wird vieles abgerissen und neues Material für Verfallendes bewusst nicht bereitgestellt. 1968 fliegt ein Teil des Stalldaches am Haus weg, durch das Loch fegt der Sturm herein,

ein halbes Jahr steht Regenwasser auf der Lehmdiele, nun hat die LPG kein Interesse mehr am Haus und die Familie kann es zurückbekommen. Aber die Familie bekommt kein Material zur Erneuerung, obwohl sie nicht allein im Haus lebt. Zu diesem Zeitpunkt überlegt sie, den Ort zu verlassen und das Alte aufzugeben. Aber symbolisiert nicht das Haus die Essenz allen bäuerlichen, generationsübergreifenden Wissens und haben nicht auch die Menschen dieses Hofes die Landschaft geformt und sind von ihr geformt worden? Aus Traditionsgefühl wird ausgehalten, eine Perspektive im Grenzstreifen zu entwickeln fällt allerdings schwer. Viele Häuser werden abgerissen,

Links: Seitenansicht Wirtschaftsteil

Rechts: Blick auf das Werderhaus

Wirtschaftsteil mit
Einfahrtstor

nahezu entvölkert steht der Ort da. Der Sohn sucht eine Arbeitsmöglichkeit in Schwerin.

Endlich ein kleiner Lichtpunkt: Die eine Stalldachhälfte wird ausgebessert, 1972 die andere. Doch das Stallende bleibt nass und ist nicht mehr nutzbar für Tiere. Zunächst hatte die LPG den Stall für Kälber genutzt, ihn dann aber nach einem eigenen Neubau aufgegeben.

1982 stirbt der Bauer, der noch mit zwei Pferden geeggt hat. Aber da hat sich das Dorfbild bereits verändert. Die schweren Agrarmaschinen zerfurchen und zerstören die für Fuhrwerke ausgelegten Wege. Das Dorf bekommt ein anderes Zentrum: Konsum und Post. Hier kommen die noch verbliebenen und neu angesiedelten Dorfbewohner zusammen.

Auch dieses Bild ist nun bereits Geschichte. Geschäfte gibt es im Dorf nicht mehr und die Bewohner werden von Lebensmittelwagen angefahren. Auch das ist neu: »Früher haben wir ja mehr angebaut, aber Gemüse haben wir noch. Wir hatten einen Nutzgarten bis zur Straße.«

Nun leben wieder drei Generationen unter dem tiefgezogenen Blechdach und der Hof ist auch Altenteil für die Schwester des Stiefvaters. Das Land ist heute verpachtet an einen Bauern aus Ratzeburg, der vor 1945 gegenüber im Dorf lebte und ausgesiedelt wurde.

Die erst kurze Zeit zurückliegende Geschichte bot der alteingesessenen Bauernfamilie Hamburger nicht die Möglichkeit, mit dem Rücken zur Welt zu leben. Für den Hof und seine Bewohner ging es um das Überleben des Familienbesitzes. Ein Akt der äußeren Auflehnung kam nicht in Frage.

Den Handschuh aufnehmen muss man aber nach der Wende, als das Land zwar rückübertragen wird, aber die drei Hektar große Wiese am See fehlt, da sie in Volkseigentum übertragen worden war. Es folgt eine zehnjährige Auseinandersetzung mit der Treuhand und verschiedenen Gerichtsstellen, bis Herr Hamburger eines Tages »per Zufall« einen Tag vor Ablauf der Einspruchsfrist eine Zeitungsnotiz über die Rückgabe von volkseigenem Land findet. Endlich wird die Wiese zurückgegeben.

Im Zentrum des Lebens vieler Bauerngenerationen stand und steht der Hof. Die Geschichte hat das Haus wie Schichten einer Zwiebel auf den Kern zurückgeschnitten und dabei nicht an Tränen gespart, denn es hat seine Funktion als Bauernstelle, als eingespielt arbeitenden Zusammenhang von Hof und Land, verloren. In dem Prozess der vollständigen Umstrukturierung der Landwirtschaft hätte der Weg fast vom Haus weggeführt.

Die Dimensionen Zeit und Raum lassen sich nicht voneinander trennen: Die Familie Hamburger, die in ihrem Familienporträt die Würde vergangener und freier Bauerngeschlechter erhalten hat, lebt immer noch auf ihrem Hof.

Betritt man das Werderhaus, so steht man in der geräumigen Wohndiele mit dem Mobiliar vergangener Zeiten, ein gemütlicher Aufenthaltsort für heutige Generationen. Werderhäuser, Wohnsitz wohlhabender Bauern, waren zweistöckig angelegt und größer als andere Bauernhäuser. Das große Innengerüst, ausgelegt wie im Hallenhaus, wird außen von Steinen umgeben. In Abgrenzung von dunklen Lehm- und Rauchkaten wollte man wie »Bürger« leben, als »steinreiche Bauern«.

Gerahmte Schwarzweißfotos dokumentieren im Innern die Geschichte des ländlichen Lebens mehrerer Generationen. In Bildern steht das Gewicht vieler langer Arbeitstage: Wie in einem Spiegel speichern sie das lange Leben dieser bäuerlichen Familie. Der Blick durch die geräumigen Fenster stellt die Verbindung zu Hof und Land her und gewährt heute wieder die Sicherheit auf Eigenes, aus diesem Grund macht sich die Familie im Jahr 2012 an den Aufbau der zur DDR-Zeit abgerissenen Scheune. Sie setzt damit ein weiteres Zeichen, dem Überkommenen treu zu bleiben.

»Dem Ruf der Kraniche folgen«
Dechow: Ein Altenteiler- und Rauchhaus

Es ist bereits März, die Felder sind aber noch grau und unbestellt. Die Fahrt nach Dechow geht über karges Land, kein Schimmer von Grün, der kalte Wind treibt Staub mit sich. An Straßenrändern biegen sich Weiden im ersten Rotschimmer, wie Punkte teilen sie den Horizont unter sich auf, der bläulich kalt eine Linie über das Land zieht.

Heute begegnet man ihnen nicht, den scheuen und wachsamen Boten des Lichts, die in der Antike Hermes zugeordnet waren. Und doch sind sie einander vertraut, die Kraniche und der Landstrich. Denn es ist einer ihrer Plätze im Biosphärenreservat Schaalsee, dem ich mich nähere. Hier finden sie Brutmöglichkeit, Nahrung und Ruhe. Nahezu jeder Kulturkreis hat sie fantasiebeflügelt besungen, sie aber wollen nichts als satt und ungestört zu ihrer Reise in den Süden aufsteigen.

»Frühe Kraniche« lautet der Titel einer 1975 publizierten Novelle des kirgisischen Autors Tschingis Aitmatow. Sie erscheint zu einem Zeitpunkt, als der Verfasser sich bereits vom Sozialistischen Realismus gelöst hat und seine literarischen Bezüge mehr aus dem Leben seiner Vorfahren nimmt. Der Vater, angeklagt wegen »Bürgerlichen Nationalismus«, wird 1938 hingerichtet. Aitmatov, 1989 Berater von Gorbatschow, später wegen seiner ethischen Überzeugungen auch Schirmherr über die »Vereinigung zum Schutz des Schneeleoparden«, führt in der Erzählung passend zu seiner Herkunft und Überzeugung den Kranich als Künder des nahenden Frühlings ein, als ein Symbol der Liebe und Lebensfreude. In seiner Novelle stehen Kraniche als Mahner gegen Krieg und Entzweiung.

Betritt man die Region um Dechow, bis 1945 zum Lauenburger Land, heute zu Mecklenburg gehörend, so fallen Assoziationen zu Prosa und Biografie des Autors nicht schwer. Krieg und Grenzziehung haben einerseits ein besonders gewachsenes und behütetes Stück Natur hervorgebracht, in deren Wildnis Kranich, Seeadler und Kormoran ein bis heute behauptetes Refugium finden. Andererseits steht das ehemalige Sperrgebiet der DDR für menschliche Entfremdung, denn inmitten des Schaalsees verlief die innerdeutsche Grenze.

Auch an diesem Tag wirkt Dechow in seiner Abgeschiedenheit außerordentlich ruhig und leer. Der Ort wird 1194 erstmalig erwähnt und ist am Ausgang des Mittelalters im Besitz des Ritters Gottschalk von Dechow, einem Vasallen des Bischofs von Ratzeburg. Lange Zeit hatte die Geschichte ihn zum Teil des Grenzlandes bestimmt: »Am 25. Mai 1608 versammelten sich auf der Dechower und Röggeliner Scheide etliche Herren, um die Grenze zwischen dem Stiftland Ratzeburg und dem Herzogtum Lauenburg neu festzulegen, bzw. zu bestätigen [...] Es sollten bestimmte Scheidebäume, die markant auf der Grenze standen, mit beyder Herrschaft Wappen versehen werden«.[3]

Die Grenzlanderfahrung erreicht ihren Höhepunkt, als 1976 das angrenzende Dorf Lankow auf Dechower Gemeindegebiet, 1209 erstmalig erwähnt, dem Bau der Grenzsicherungsanlagen im Weg stehend, nach Zwangsaussiedlung und Leerstand zerstört wird. Auch Bäume fallen dem freien Schussfeld zum Opfer.

◄ Historisches Fachwerk

Die von Slawen gegründete Siedlung hatte ihren Namen nach der Lage am Lankower See erhalten: »Am Sumpf gelegen« und noch 1920 wurde es als ein besonders idyllisch gelegenes Dorf beschrieben, das »eingeschmiegt in einen Winkel des Lankower Sees zum größten Teil von hohen Buchenwäldern umrahmt ist.«[4]

1925 verzeichnet es im Mecklenburg-Strelitzer Staatskalender »Zweiundsiebzig Einwohner, drei Hüfner, fünf Büdner, Schule, Standesamt und Feuerspritze«, nach dem Krieg über hundert Einwohner.

Biegt man heute in den kleinen Ortskern von Dechow am Südrand des Rögeliner Sees ein, so scheint diese jahrhundertlange Geschichte von den Bewohnern äußerlich überwunden. Eine Varietät von schmucken wiederhergestellten alten

Bauern- und Wohnhäusern empfängt den Besucher und vermittelt ein hoffnungsfrohes Bild: Gemeinsam haben die Einwohner mit Leistung freiwilliger Arbeitsstunden die alte Dorfgaststätte in ein Dorfgemeinschaftshaus verwandelt.

Eine dieser freiwilligen, engagierten Helferinnen ist die Bewohnerin Christine Schulz des ehemaligen Altenteiler- und Rauchhauses. Lange Zeit war es unter zwei Familien aufgeteilt, die alte und neue, aus diesem Grund besaß es auch zwei Herdstellen.

»Mein Mann wollte immer gern aufs Land ziehen. Nach der Wende, im Dezember 1989, konnten wir offiziell ins Sperrgebiet. Dies Haus war eine Ruine ohne Schornstein. Wir haben es 1990 gekauft und sind 1992 eingezogen, da war die Hälfte fertig. Zu Weihnachten 1992 haben wir die alte Besitzerin

eingeladen. Sie hat bewundert, wie schön hell und warm es hier jetzt sei. Vorher sei es immer dunkel vom Räuchern und kalt gewesen.«

Im Mai 1990 erfolgt ein formgetreues Vermessen des Hauses. Da alte Fachwerkhäuser krumm und schief stehen, braucht man für ihre Analyse ein Niveau am Haus. Mit der Schlauchwaage spannt man dazu eine Schnur am Haus, von der aus die Verformung des Gebäudes aufgenommen wird. Wenn man die Horizontale hat, werden die Ständer ausgelotet. Die Besitzerin, lernwillig und neugierig, zeichnet eigenhändig die Maße auf, die ihr ein Student angibt. Ein Ratzeburger Architekt weist sie unentgeltlich in das Verfahren ein. In das Haus wird eine Niedrigenergieheizung eingebaut, die keinen Schornstein braucht. Allmählich trocknen so auch die aufgequollenen Balken.

»Wir haben das alte Haus so angenommen wie es ist. Das Haus war eher da als wir. Ein alter Mann hat einen Buckel. Das alte Haus auch. Es hat hundert Jahre so gelebt.«

Bei der Renovierungsphase kommt den Besitzern nicht nur die Baufirma des Mannes, sondern auch Erfahrung mit alter Bausubstanz und der Eintritt in die »Interessengemeinschaft Bauernhaus« zugute. Zuvor hatte die Besitzerin bereits lange Jahre als ehrenamtliche Denkmalpflegerin in der DDR gearbeitet und mitgeholfen, einige Bauernhäuser in Nordwest-Mecklenburg vor dem Verfall zu bewahren. Ihre Erklärung, »eigentlich mögen wir alte Bauernhäuser«, deutet auch auf ihre Verbindung zur besonderen Geschichte der Häuser hin: Bei der Kolonisation brachten Siedler aus unterschiedlichen deutschen Landesteilen ihre heimischen Hausformen mit, so dass heute jedes noch existierende Bauernhaus auf diese Wurzel zurück geht.

Im alten Rauchhaus waren einige Schwellen komplett durchgerottet und mussten erneuert werden, die Gefache wurden herausgenommen und wieder mit den alten Steinen im Lehm eingemauert, die Fugen mit Kalkmörtel ausgestrichen. Damals gab es noch Sumpfkalk. Die fehlenden Steine, die im selben Format wie die eingemauerten sein mussten, suchte man im Abriss, um sie ins Fachwerk einzupassen, dazu wurden oft sehr dünne Fugen gemauert: »Meistens waren es elf Ziegelschichten, ein normaler Maurer mauert zehn, was dann aber oft das Bild von alten Lehmhäusern verfälscht.«

Aus den Ziegeleien nahm man früher die dunkel gebrannten Steine für die Mauerung des Schornsteins. Sie kamen aus der größten Hitze, lagen mittig im Feuer und waren für das Außenmauerwerk bestimmt. Für den Innenbereich wurden Ziegelsteine benutzt, die im Feuer ganz außen lagen. Bei der Verwendung des Holzes ging man

ähnlich vor: Nach dem Fällen der Eichen machte man aus den Stämmen die Schwellen und Ständer, aus den großen Ästen die Schrägen, Streben aus den krummen und Riegel aus den dünnen Ästen. Aus ihnen fertigte man auch die Staken der Nebengebäude an. In diesem alten Haus fand die bereits knapp gewordene Eiche nur im Außenbereich Verwendung, für den Innenbereich musste Nadelholz genommen werden.

Das unter Denkmalschutz stehende, 1830 errichtete Zweiständerhaus, hat in seinem Grundriss ein fast quadratisches Maß, es misst zwölf auf fünfzehn Meter. Wegen seines steilen, auf dreiundfünfzig Grad angelegten Daches, von dem das Wasser sehr gut ablaufen kann, sieht es länger aus. Die früheren Bewohner des Rauchhauses, die den offenen Holzofen mit Buchenscheiten beheizten, haben offensichtlich recht gesund gelebt. Sie seien abgehärtet gewesen und alt geworden in diesen Häusern, meint die Bewohnerin, hätten ihre Kleidung als »Lagenlook« getragen. Dem Ehepaar ist die Erhaltung der architektonischen Tradition dieses Landstriches sehr wichtig.

Ehemaliges
Stallgebäude

»Wir möchten, dass sie für die nachfolgende Generation erlebbar bleibt.« Aus diesem Grund nimmt es auch die viele und schwere Arbeit in Kauf, die mit der Renovierung des Hauses anfällt. Aus dem Abriss wird ein alter Backsteinfußboden genommen, gesäubert und gut eingepasst, um dem Raum das Klima zu erhalten.

Besonders groß und ansprechend ist die Wohndiele gestaltet, hier hängen eine Reihe von Bildern des Künstlers Harald Becker, der nicht weit entfernt im Schaalseegebiet wohnt und neben anderen Motiven auch fast expressiv zu nennende mecklenburgische Landschaften schuf.

Bei der Rückkehr im Sommer des nächsten Jahres hat das Rauchhaus andere Bewohner gefunden, die ehemaligen Besitzer sind umgezogen in ihr im Dorf eigenhändig errichtetes Lehmhaus.

Jetzt zeigt sich Dechow von einer schönen Seite: Häuser stehen umgeben von einer Fülle traditionell bepflanzter Gärten: Stockrosen und blaue Disteln nahezu an jedem Holzzaun, von Buchs Eingefasstes blüht in kräftiger Farbskala, Büsche mischen dunkle Töne hinein und Feldsteinzäune begrenzen endlos scheinendes Land.

»Am Abend, wenn die Glocken Frieden läuten, Folg' ich der Vögel wundervollen Flügen [...]«[5] Könnten mit den Versen aus Trakls Sonett »Verfall« auch diese Kraniche gemeint sein, die heute weit am Himmel verteilt, den Pilgerzügen aus dem Gedicht gleich das Dorf mit ihrem Ruf erfüllen? Oder kommt ihr Ruf demjenigen aus Aitmatows Novelle gleich, dem Ruf des Friedens?

Es scheint, als könnten Kraniche das Dorf aus einer anderen Sphäre mustern. Können sie bis herab zu dem Denkmal blicken, das aus Grenzsteinen der durch die Bodenreform enteigneten Bauern gesetzt den Titel »Vom Ich zum Wir« trägt?

Es mutet eigentümlich an in einem Dorf, dessen Bewohner sich liebevoll für die Erhaltung traditioneller Bauernhäuser einsetzen. Vielleicht haben sie aus dem Auge verloren, dass die slawische und deutsche Bauerngemeinschaft über die Jahrhunderte zuvor nicht ohne ein »Wir« überlebensfähig gewesen ist. Die Dorfgemeinschaft war lange vor der Einführung der LPG eine natürlich gewachsene, den Anforderungen von Ernte und Teilung bestimmte Gemeinschaft. Vielleicht sind auch diejenigen fünf Bauernfamilien aus der Erinnerung ausgezogen, die in verkehrter Zeit ihr Generationenerbe erhalten wollten. Ihre Namen finden in der Dorfchronik keinen Platz, wohl aber diejenigen der Kommissionsmitglieder zur Durchführung der Bodenreform.

Die Kraniche, jetzt in der Weite des Sommerhimmels dem Auge entschwunden, werden als das, was sie in der Geschichte der Mythologie auch sind, immer wieder kommen: Als Symbol der Wachsamkeit.

▸ Kastanienblüte im Dorf

Bodenreformdenkmal im Dorf

»Gearbeitet wie eine Trümmerfrau«
Ein Hallenhaus in Schlagrestorf

»Der Krieg schläft seit einiger Zeit und man muss nicht an ihn denken.«

Musil, der diesen Satz wenige Jahre vor seinem Tod angesichts der Betrachtung eines Gartens in Genf am 07.11.1939 notiert und fortfährt: »Ich schreibe soviel von ihm, weil er uns glücklich macht«, hat mit dem Jahr 1933 einen harten Einschnitt in seiner Biografie hinnehmen müssen und doch sein inneres Auge nicht von Naturschönheit verabschiedet.

Wie es in der Biografie eines Menschen Tage von Hoffnungslosigkeit gibt, so trifft das auch auf ein Stück Land zu. Und dieses Land, das der Betrachter vom Gartenzaun eines Niedersachsenhauses in Schlagrestorf an einem Augustnachmittag betrachtet, hat lange zerstört und brach gelegen, bis es wieder zu einem gemacht worden ist, in dem der Krieg nicht nur schläft, sondern aus dem er sichtbar vertrieben ist. Dem Betrachter fällt bei dem ersten Anblick der Hofanlage eine Vergegenwärtigung von Kriegszeiten schwer, den Besitzern nicht. »Das Haus war kein Haus mehr, als es uns nach der Wende angeboten wurde. Es war in einem jämmerlichen Zustand. Unter dem Holzfußboden fanden wir Rattennester, in der Wand zur Diele Scherben von einem Umbau von 1926, der Teich war zur Mülldeponie des Dorfes geworden, in den Stall hatte man neunzehn Kühe gestellt, viel zu viele für seine Größe: Die Schwellen waren verrottet, man ließ ihn zerfallen.«

Ein Ort des Jammers bildete die Hofstelle in ihrer Geschichte schon einmal. Ein Bild aus der Zeit des Dreißigjährigen Krieges nimmt Besitz vom Bewusstsein:

»[...] dar zu auch im Sommer 1638 eine so giftige Pestilentze entstanden, daß die Jenigen Leute. So im Herbste des 1937. Jahres von Grehmnisse, Hunger und Elende nicht das Leben hin und wieder gelaßen, In diesem Jahre von der Pestilentze sterben müssen, wie dann in dem Dorfe Kronskampe über achtzehn Menschen gestorben, und nicht begraben werden können, Sondern von Hunden, Gott Erbarme Eß, gefressen, worauff denn eine rechte Wüsteney geworden.«[6]

Gartenansicht

Das Geschehen hätte sich auch in der Parochie Schlagsdorf im Ratzeburger Land abspielen können, zu deren Bereich Schlagrestorf gehört.

»Auf dem Lande Alles Korn und Viehe von den Keyserlichen weggenommen« und »alle Straßen und Hoffstädten so gar mit Graß Bewuchsen, daß kein Mensch dadurch gehen können«.[7]

»Von den zwölf Hufen des 1230 im Ratzeburger Zehntregister erwähnten Kapiteldorfes Schlagrestorf, ›Dorf des Ratis‹ liegt auch die Hofstelle Nummer VI durch die Kriegsereignisse von 1639 bis 1649 mit ihren rund vierzig Hektar wüst. Bereits 1444 werden Besitzer auf der allmählich prosperierenden Stelle erwähnt. Kurz vor dem Krieg gibt sie Abgaben an den Schlagsdorfer Pastor bestehend aus »3 Fass Gerste, 1 Fass Roggen, 2 ß Wurstgeld, 20 Hühnereier und ein Gänseei.«[8]

Aber von den zwölf Hufen des Dorfes sind dem Herzog von Lauenburg-Sachsen allein neun tributpflichtig, die anderen sind im adligen Besitz. Er übt hier zunächst auch das Höchste Gericht aus. Das ändert sich 1307, als das Kirchenspiel unter ande-

rem gegen Geldabfindung Besitz des Domkapitels wird. Der Herzog Magnus von Sachsen-Lauenburg aber spielt seine Macht noch einmal aus, als er den Bauern, auch in Schlagrestorf, bei Strafe verbietet ihre Abgaben dem Bischof zu leisten. 1518 versammelt er seine Leute selbstbewusst unter der Gerichtslinde neben der Schlagsdorfer Kirche, sie war bereits 1466 Ort eines Landthings, und hielt dort Gerichtstag. 1525 wiederholt er die Willkür, lässt seine Leute eine des Diebstahls bezichtigte Dorfbewohnerin während des Landgerichtes verhaften und sie im Ratzeburger Turm zu Tode foltern. Den Mann zwingt er zur Übernahme der Kosten für den Scharfrichter. Die jahrelang folgenden Rechtsauseinandersetzungen zwischen Domkapitel und dem Herzog enden 1536 zugunsten des Bischofs.

1649, kurze Zeit nach Ende des Krieges, verkaufen die Erben der Hofstelle in Schlagrestorf sie an Detleff Böddeker, der sie aber nicht halten kann. 1693 fällt sie an Hans Jakobs (Jahps), dessen Familienname, gewandelt zu Jabs, auf dem Hof bis 1961 erhalten bleibt. In diesem Jahr wird die Familie

Blick auf das Hallen-
haus

im nun gesperrten Grenzgebiet ein Opfer der Zwangsumsiedlung. 1958 war der bis zuletzt hier wirtschaftende Bauer zusammen mit allen anderen Bauern des Dorfes der LPG »Einheit« beigetreten, bereits zwei Jahre später ließ sich auf dem Hausgelände gegenüber ein Maschinenstützpunkt nieder.

Das 1793 errichtete Bauerngehöft wird 1991 rückübertragen und wegen seines »jämmerlichen Zustandes« an eine Lübecker Arztfamilie verkauft, nachdem es zuvor in den »Lübecker Nachrichten« annonciert war. Am 1. Juni 1994 betritt die Familie als neue Eigentümerin zum ersten Mal die Hofstelle mit dem Niedersächsischen Bauernhaus, umgeben von einem Hektar Land.

Nach der Zwangsumsiedlung verfiel das Bauernhaus immer mehr, da sich niemand für die Erhaltung verantwortlich fühlte. Doch das Schicksal zweier anderer Hofstellen im Dorf, zusammengeschoben zu werden, blieb ihr erspart. Ein Denkmalpfleger besuchte es halbjährig und verhinderte entstellende Umbaumaßnahmen für das bei den Mietern ungeliebte alte Haus. Das noch in einem Drittel erhaltene alte Reetdach, das dem Haus sein charakteristisch »geducktes« Aussehen verliehen hatte, wurde 1984 zu zwei Drittel wegen Materialmangels mit weißem Wellaluminium notdürftig so verschraubt, dass durch die Ritzen Regen und Wind kamen. Der Wind allerdings verhinderte ein Vermodern der Eichenbalken und des Mauerwerks. Aus diesem Grund rät die Architektin »mit einer sehr guten Nase für alte Häuser« beim ersten Durchgehen mit der Familie guten Gewissens zum Kauf.

Außer dem Aluminiumdach, einem fremden und störenden Element in der Bauernhauskultur, »waren keine DDR-Sachen dran«. Deswegen werden zunächst die vierhundert Platten abgeschraubt und entsorgt, der ursprüngliche Reetcharakter wieder hergestellt. Dann erst beginnt die eigentliche Arbeit.

»Ich bin mit zwei Architekten und Denkmalschützern durch das Haus gekrochen. Ich bin durchgegangen mit der Vorstellung aus diesem Haus etwas machen zu können. Meine Vorstellungskraft war größer als der Müll. Ich hatte es schon beim Angucken eingerichtet und eine Beziehung zu ihm aufgebaut.«

Ein Lamento wird wegen seines Zustandes nicht angestimmt, denn bereits Ende 1995 beginnen Baumaßnahmen, die das Leben verändern.

»Während mein Mann in Lübeck gearbeitet hat, bin ich oft mehrmals täglich mit einem kleinen Bus herüber gefahren, habe überall alte Eichenbalken gesammelt. Wie eine Trümmerfrau mit einem Kopftuch habe ich alte Backsteine vom Schuttplatz abgeklopft, habe Eigenarbeit in Müll und Dreck gemacht, hier im Haus war ja alles verbrannt. Zuerst habe ich nur kleine Flaschen gefunden, später bei der Anlage des Gartens einen Korb mit Villeroy und Boch-Scherben gesammelt. Ich habe meine ganze Kraft auf das Haus konzentriert und mich mit der Baumaterie beschäftigt. Nur wenn man mitarbeitet, gewinnt man eine Beziehung zum Haus. Auch die Farben haben wir selber ausgesucht. Das Haus ist so geworden, wie ich es in meinem inneren Auge hatte.«

Betritt man das kleine Esszimmer und die Küche der Familie, so überrascht eine umfangreiche Sammlung von Villeroy und Boch-Porzellan: Das oft fast 100 Jahre alte Geschirr mit seinen zarten, in verblichenem Blau marmorierten Tönen, findet sich in allen Formen auf Schränken, Anrichten, Regalen, Fensterbänken verteilt und gibt der Einrichtung ein Flair von Zierlichkeit und Eleganz: »Als ob ich bei der Sammlung von dem Geschirr unbewusst auf ein Ziel hingearbeitet hätte.«

Mittelpunkt für Mensch und Tier im Niederdeutschen Haus in der Vergangenheit: Die Hallendiele mit ihren Speicher- und Nutzräumen. Später oft zum Lagerraum herabgesunken, bescheidet sie sich hier nicht mit einem Randplatz. Das verhindert schon der im Zentrum aufgestellte große Holztisch. Ein hoher Kachelofen nimmt die Sammlung der nun sorgfältig gereinigten kleinen Glasflaschen auf, in denen sich das Licht spiegelt, die aber so wenig von Nutzen gewesen zu sein scheinen. Eine uralte Stecktruhe, aufgefunden in einem desolaten Zustand und älter als das Haus, steht an der Wand mit geflochtenen Holzstühlen: Zusammen mit den ausgebreiteten, bestickten Leinentüchern und den überall verteilten Ölbildern eines Lübecker Malers gibt sie den Anspruch der Besitzer Kunst und Authentizität wieder.

Die zum Garten liegenden Wohnräume verstärken den Eindruck. In warmen Sommern war es auch ein Kennzeichen bäuerlicher Lebensweise, Milch in irdenen, flachen Tonschüsseln, so genannten Satten, zu Dickmilch zu stocken, die man fliegensicher hinter einem Gitter im Sattenschrank aufbewahrt, mit Zimt und Zucker oder zu gekrümeltem Schwarzbrot aß.

In einem Hausschacht fand man beim Graben alte Satten, auch Teile eines zugehörigen Schrankes, eine Tür stand auf dem Dachboden, eine andere wurde auf dem Flohmarkt gefunden. Heute steht dieser Sattenschrank, angefüllt mit Büchern und Kunstgegenständen, an der Wand des hinteren Wohnzimmers und integriert einen kleinen Teil der Hausgeschichte.

Als man im Haus die Fußböden aufnahm, fand man angefaulte Balken, die auf bloßem Lehmboden auflagen. In zwei Räumen und der Küche lagen unter den Dielenbrettern große Felssteine, ihre Funktion war nicht deutlich ersichtlich und bleibt für dieses Haus weiterhin rätselhaft. Vielleicht waren es nach einem Hausumbau Überreste vom alten Felssteinfundament. Um sie zu heben, waren mehrere Männer nötig.

Ende 1995 kamen die Sanierungsarbeiten zum Stocken: Ein kalter und langer Winter veranlasste die Besitzer, das Haus mit Planen zu schützen, damit der Lehm erhalten blieb.

Endlich, nur ein knappes Jahr nach Renovierungsbeginn, konnte im Oktober 1996 eingezogen werden. Aber zu dem Zeitpunkt lag die Außenanlage noch brach und zerstört. Bäume wuchsen überall, nur hin und wieder fand man wilde Orchideen, die

sich nun schon lange zurückgezogen haben. »Das hatte auch seinen Charme.«

Zunächst versuchte man den Teich zu säubern, resigniert begnügte man sich mit einer teilweisen Wiederherstellung: Der zu entsorgende Müll hätte Container gefüllt. Der Rest wurde mit Erde zugeschüttet und eine Wiese angelegt. Die Größe des Teiches aber reicht zur Wiederspiegelung des mächtigen südlichen Giebels aus. Rundum bepflanzt mit einheimischen Gehölzen und seinen Wasserpflanzen liegt der Teich zu jeder Tageszeit im Widerschein von Himmel und Wolken und schenkt dem Garten Größe. Das kleine blaue Holzboot verwischt den Spiegel der Wasserfläche.

Der Garten mit seiner Fülle von Rosen und vielfältigen Elementen lädt den Betrachter heute wieder zum Schauen ein. Fern scheinen Jahre und Jahrhunderte zu liegen, in denen er Schauer einflößte

und als ein Symbol von vernichtenden Kräften gelten konnte. Er findet eine Besitzerin, die ihm nur Gutes angedeihen lässt, die aber ihrerseits auch seinen Raum braucht. »Man hat sein Leben gehabt, aber dies Bäuerliche steckt in einem drin, da kann man machen, was man will. Das habe ich bei der Anlage des Gemüsegartens gemerkt. Ich bin dabei kein Perfektionist und mit wenigem zufrieden. Es reicht mir, wenn überall etwas heraus kommt.«

Die Familie pflanzt eine Sommer- und Winterlinde, setzt Heidschnucken zum Rasenmähen ein und lässt, wo es geht, Ramblerrosen ranken, die oft bereits zum ersten Juni dem Garten mit zu Türmen aufgehäuften Blüten Farbe und Duft verleihen.

Die Außenanlage spiegelt die Bedeutung des Hauses für seine Bewohner: »Wir haben ein Haus zum Leben erweckt und das Haus dankt es uns, dass wir uns ihm anpassen und unterordnen. Es ist unser

Zuhause. Ich habe unserem alten Haus in Lübeck keine Sekunde nachgetrauert. Wir sind innerlich zufrieden und verreisen nicht mehr so weit fort.«

Das Ehepaar hat sein Bauernhaus an der »Straße der Einheit« in Schlagrestorf. Diese Bezeichnung nimmt Bezug auf den gemeinsamen Eintritt aller Bauern in die LPG »Einheit« in einer Zeit, die mit ihren traditionsfeindlichen Impulsen anderen Gesetzen gehorchte. Jetzt aber wächst nach Meinung des Besitzers »menschlich zusammen, was zusammen gehört.«

Jahrhunderte sind vergangen, seitdem die Hufe Nr. VI gegründet wurde. Immer wieder bildeten Unsicherheit und Bedrohung, Unrecht und Bedrängnis Teil des Lebens ihrer Bewohner. Nun scheint das Niederdeutsche Haus die Zufluchtsstätte geworden zu sein, nach der Menschen zeitunabhängig verlangen.

Links: Am Eingangstor

Rechts: Gartendetail

»Du wirst es wiederhaben«
Ein Werderhaus in Thandorf

Wie ließe sich so etwas behaupten: Du wirst es wiederhaben, etwas, was doch seit mehreren Generationen Familienbesitz und seit dem 16. Jahrhundert eine alteingesessene Zwei-Hufen-Stelle im Ratzeburger Land ist?

Politische Rahmenbedingungen ändern sich, familiäre Zugehörigkeit zu Haus und Hof aber erweist sich als ein tragendes emotionales Merkmal der Identifikation, es wäre ein historischer Widersinn, das zu leugnen. Kenntnis von der Arbeitsweise vergangener Generationen führt zwangsläufig zu Achtung des eigenen Landes, Kenntnis der tradierten Werte und Verhaltensweisen in Alltag und Krisenzeiten gibt Eigenem das Fundament, führt zu Selbstachtung. Wird Geschichte allerdings einseitig als Fortschrittskategorie begriffen, wie es in der noch nicht lange zurückliegenden Zeit geschah, muss diese Art der Identifikation von Seiten des Staates auf andere Inhalte umgelenkt werden.

Davon betroffen war die Familie Wellner in Thandorf, einem der ältesten Bauerndörfer des ehemaligen Fürstentums Ratzeburg. Ihre Hofstelle, in alten Karten und Chroniken des Ortes als Nummer IV um den Anger eingezeichnet, existiert seit mindestens 1529, als ein Clawes Zything/Ziething, der Hauswirt, bei einer Zeugenvernehmung sein Alter mit 50 Jahren angibt. Der ihm folgende Anerbe Jochim muss dem Pastor in Schlagstorf ein Scheffel Gerste, ein Fass Roggen, Wurstgeld, zwölf Hühnereier und ein Gänseei abliefern. Es folgen Generationen von Zythings, bis sich am Ende des 19. Jahrhunderts der Familienname auf dem Hof in Koop

ändert. Heinrich Koop errichtet das kurz zuvor abgebrannte Haus 1929 wieder neu. Rosemarie Koop, die Hoferbin, heiratet Siegfried Jodeit. Eine weitere Hoferbin, Simona, folgt, sie verheiratet sich mit Detlef Wellner. Zusammen mit ihren beiden erwachsenen Kindern leben sie heute auf dem Hof in dem aus Backsteinen errichteten, weiträumigen Werderhaus.

Nüchterne Worte, nüchterne Zahlen. Ungeschrieben bleiben persönliche Erfahrungen in historisch bewegenden Zeiten, in der jede Generation auf der Hofstelle neu in die Zeitumstände

Weide beim Haus

hineinwächst, das Erbe gegen eine neue Realität verteidigt und sich mit der Zeitgeschichte auseinandersetzen muss. Die Zeiten waren nicht immer golden, auch wenn gute Rahmenbedingungen halfen das Erbe zu tradieren.

Das Kapiteldorf Thandorf, von einer Plöner Adelsfamilie verkauft und offensichtlich seit 1334 beim Domkapitel, ist eines der ältesten Dörfer im »Ratzeburger Land«, wie der Landesteil Mecklenburgs seit 1918 hieß. Als der Magdeburger Probst und Prämonstratenser Evermod von Heinrich dem Löwen 1154 zum Bischof von Ratzeburg ernannt wird, erhält er das Land als Bistum mit den Rechten eines Domkapitels. Das Bistum bleibt fast 500 Jahre ein selbständiger geistlicher Staat, bis es als säkularisiertes Fürstentum Ratzeburg im Austausch gegen schwedische Erwerbungen 1648 im Westfälischen Frieden

zu Mecklenburg kommt. Während im übrigen Land vorwiegend unfreie Bauern in herrschaftlicher Bindung existieren, gibt es im Herzogtum Ratzeburg einen großen Anteil von freien Bauern, adlige Grundherren kommen nahezu nicht vor: In keinem Kaufbrief über erlangte Dörfer oder Hufen werden Bewohner als »erkaufter Gegenstand« bezeichnet.

War das Stift schon an sesshaften und wohlhabenden Bauern interessiert, so beziehen sich landesherrliche Ansprüche eher auf Regalien der Forst- und Jagdgerechtigkeit, auf Geldabgaben und Hand- und Spanndienste. Ausdruck des freiheitlichen und unabhängigen Bauerntums in diesem Landesteil ist auch ein tradiertes Gewohnheitsrecht, das sich bis ins 17. Jahrhundert als eine Form von Landgericht hält, bei dem sich unter der Leitung eines landesherrlichen Beamten rund

Blick auf das Gehöft

zwanzig freie Bauern selber Recht sprachen: Einen Richter gab es nicht. Die Schlagsdorfer Gerichtslinde erinnert an diesen Vorgang.

Selbstbewusstsein zeigt der freie Bauer auch bei seiner Hochzeit: Er trägt während des Zeremoniells ein Schwert.

Leibeigenschaft wie benachbarte mecklenburgische Landschaften kannte das Ratzeburger Land demnach nicht. Das ändert sich auch nicht, als 1701 das Herzogtum Mecklenburg-Strelitz zusammen aus dem Fürstentum Ratzeburg und dem Kreis Stargard geschaffen wird: Die fast völlig selbständige Verwaltung dieses Landesteils blieb bestehen.

Litt der Ratzeburger Bauer in seiner sozialen Existenz also nicht unter strengen Zügeln, so verschaffte ihm der äußerst fruchtbare Boden der Moränenlandschaft von Siedlungsbeginn an in Friedenszeiten die Möglichkeit zu einem guten Auskommen. Auch als zu Beginn des 19. Jahrhunderts als Folge der Agrarreform große Flä-

chen des Bodens öfter von Wallhecken umgeben wurden, führte das zu einer weiteren Verbesserung der Bodenqualität. Diese »Buschkoppelung« nach Schleswig-Holsteinischem Vorbild entstand aufgrund der Agrarreform, als den Bauern das Eigentum an ihrem Land zugesprochen wurde. Dafür wurde wegen des großen Eigenbedarfs an Holz ein Teil ihres Ackers zur Holzkoppel bestimmt.

Ließen die Wurzeln seiner bäuerlichen Existenz alle Hoffnung auf Wachstum und Kontinuität zu, so waren die sich wandelnden politischen Umstände für den Landmann auf seiner Hofstelle oft genug furchteinflößend. Sie machten ihn zum Spielball der Geschichte, so dass er die Mühen des Auf-der-Welt-Seins erfuhr.

Im Nordischen Krieg lebte das dänische Heer von den Erzeugnissen des Ratzeburger Landes, im Siebenjährigen Krieg setzte eine starke Geldentwertung ein und in der Napoleonischen Zeit, die an die Schrecken des Dreißigjährigen Krie-

ges erinnerte, litt die Bevölkerung unter dem Durchzug preußischer und französischer Truppen. Die allgemeine Brandschatzung machte das Land bettelarm. Für die Thandorfer Hauswirte bedeuteten auch die Befreiungskriege eine schwere Last: Die »Vaterländischen Krieger« wurden mit Wagen, Gespannen, Futter, Stroh, Brot, Branntwein und Fleisch versorgt. Auch die russischen Truppen mussten unterstützt werden. Die in diesen Zeiten erlittenen Vergänglichkeitsschrecken, das Erlebnis der Gleichzeitigkeit von Leben und Tod beschnitten den Alltag im immer noch freiheitlichen Raum, aber brachten weder Fruchtbarkeit des Landes noch erprobte bäuerliche Wirtschaftsformen zum Erliegen. Die Einzelwirtschaft arbeitete kontinuierlich und effizient, jede Generation erwarb auch in harter Zeit ihr Erbe, »um es zu besitzen.«

Das brach nach 1945 unvermittelt weg. »Omnia sint communia«, alle Dinge seien allen gemeinsam, Thomas Müntzers Maxime aus dem Bauernkrieg, ansatzweise 1945 real umgesetzt, erzeugte in der Familie Wellner ein Gefühl von Verstörung. Nach der Bodenreform hätte die Familie zwangsausgesiedelt werden sollen, wohnte bereits in einem anderen Haus, als »jemand« bei der russischen Kommandantur für sie »gut ausgesagt« hat. Sie durfte zurück in ihr Bauernhaus, allerdings war die Familie nun Mieter auf der eigenen Hofstelle, eine vormals eigene Koppel musste gegen Pacht genommen werden. Im Zuge der Zwangsrequirierungen der Dorfbauernställe wurden in ihrem Stall 80 Mastrinder der LPG untergebracht. Den Stall, sonst zugänglich vom Wohnbereich, trennte von nun an bis zur Wende eine brutal errichtete Betonwand. Boxen, aus Beton gegossen, kamen hinzu, die alten Stalltüren stahl man oder fuhr sie bewusst kaputt. »Sie hatten eine Mauer betoniert und ich durfte 40 Jahre nicht in den Stall.« Empörung begleitet diesen Satz von Frau Wellner, erneut wird die Hilflosigkeit durchlebt, denn die Begebenheiten sind noch

Links: Sammlung alter Hausutensilien

Rechts: Blick auf das Haus

zu präsent. Die Grenze im eigenen Haus verengte Bewegungsfreiheit, Blickwinkel und Denken. »Unsere alte Fachwerkscheune, noch älter als das Haus, mussten wir unter Androhung von Gefängnis abreißen, die Steine wurden abtransportiert, die Balken für die Koppelzäune behalten.« Später werden die Pferde vom Hof getrieben und an der Meierei angebunden, von wo aus sie laut vergeblich nach ihrem Stall zurückfordern. Das bricht dem Großvater das Herz.

Eine Kette von Demütigungen durch die LPG setzt ein, denn die Familie »passte nicht in das SED-System«. Der Alltag war schwer, aber man musste sich arrangieren. »Wir hatten eine kleine Wirtschaft nebenbei, haben aber alles bezahlt, Rüben, Kartoffeln. Holz aus dem Eigenwald durften wir nicht holen, es kam von weit her.« Misstrauen breitet sich im Dorf aus, die ehemals freien und selbstbewussten Bauern des Ratzeburger Landes lernen in dieser Epoche eine menschliche und kulturelle Lektion, die ihre Vorfahren so nicht kannten. Die von den Bauern hinzunehmenden Verluste scheinen nicht terminiert und wie in den Jahrhunderten zuvor auf Kontributionen begrenzt: Politische Umstrukturierungen führen auf dem Land zu Enteignungen und industrieller Agrarwirtschaft. Das Ererbte wird bedeutungslos. Das Selbstgefühl der vormals frei wirtschaftenden Bauern kennzeichnet Befangenheit, denn Bedrohungen durch Zwangsaussiedlungsmaßnahmen wie »Aktion Ungeziefer« und »Kornblume« existieren im Hintergrund. Trotzdem engagiert sich das Ehepaar in den achtziger Jahren in einem Kirchenkreis in Rehna, verlässt nachts den Hof und kehrt von den Sitzungen wieder, mit der Angst entdeckt worden zu sein und ihre Kinder bei der Rückkehr nicht mehr zu Hause anzutreffen.

Haus und Land sind nun nicht länger Eigentum. Die unvermittelt auf eine andere Art und Weise heimatlos gewordene Familie durchlebt eine Zeit, in der ein für den alteingesessenen Bauern fremder Geist bestimmend ist: Die Verachtung gegenüber der Zugehörigkeit zu den Wurzeln seiner Tradition.

Doch die Großmutter, dank ihrer Erfahrung Trägerin einer tieferen Kenntnis von Geschichtsabläufen, zeichnet in dieser Situation eines Tages ihrer Enkelin, Frau Wellner, Worte wie Schriftzeichen an die Wand: »Du wirst es wiederhaben und das Haus wieder aufbauen«. Für sie scheint unverlierbar, was lange im Familienbesitz war, das Gegenwärtige bildet nur eine Herausforderung im Geschichtskreislauf.

Fleiß und Anstrengung, Geduld und Mühe der vergangenen Hofbauern deuten sich neu in ihrem Wert am Horizont an, als die Wende eintrat. Die Familie zerschlägt zunächst eigenhändig Tag um Tag die Betonmauer im Stall, reißt die Tierboxen ein, sucht im Dorf und der Umgebung nach alten Stalltüren. Mit dem Sohn wird beim kleinen Teich ein größerer Gartenteich angelegt, der Schrott herausgeholt. Die Arbeit ist hart und schwierig, sie dauert lange und führt die Jahre des Unrechts noch einmal ins Bewusstsein. In der Zwischenzeit werden 40 Hektar Ackerland und Wald an die Familie zurückgegeben, an Privatbauern und eine Jagdgenossenschaft weiterverpachtet.

Stück für Stück wird der Stall wiederhergestellt und das zweigeschossige Werderhaus rundum erneuert. Dieser Prozess wird zu einem symbolischen Vorgang: Das Leben erwacht aus Erstarrung, Rollen, die für lange Zeit festgeschrieben zu sein schienen, können aufgegeben werden.

Es ist eine rührende und bewegende Geschichte und sie ist nicht die einzige im Dorf. Die lebensbestimmenden Veränderungen betreffen viele seiner Bewohner. Langsam findet der »Kurven-Clan«, wie sich die Anwohner um den Hof der Familie Wellner nennen, wieder zu seiner Form: »Wir Alteigentümer halten gut zusammen und helfen einander. An Weihnachten haben wir hier draußen einen Baum und trinken Glühwein.«

Thandorf, eingebettet in die sanft gewellte Moränenlandschaft Nordwest-Mecklenburgs, umgibt heute Felder mit Monokultur, in der für Einzelwirtschaft kaum noch Raum ist. Vieles an alter Dorfstruktur ist zerschlagen und unwiderruflich zerstört. Das gehört zur Klage der traditionsbewussten Familie Wellner.

Es ist aber auch ein Dorf mit noch vorhandenen Erinnerungsstücken. In den wiederhergestellten alten und großen Bauernhäusern lebt im Bewusstsein der Menschen vergangene Zugehörigkeit zu Hof und Land fort. Die Zeit erlaubt wieder das Entstehen eines identitätsstiftenden Bewusstseins, in dem die Fähigkeit, einen Zugang zur Geschichte herzustellen, frei wachsen darf, ohne dass die Vergangenheit zur Last wird.

»Empfänglich für Geschichte«
Ein Leben im Rauchhaus von Roduchelstorf

Es ist schon ein bisschen unheimlich: Man nähert sich dem fast 400 Jahre alten Rauchhaus und nur der obere Teil des Holztores wird von einer Dame in einem warmen Wollplaid geöffnet, um sie herum verschwimmen Konturen und Inneres des Hauses im Dämmern dieses Tages. Schwere dunkle Wolken begrenzen die Höhe des Reethauses und Wind läuft mit Blättern über den Kopfstein gepflasterten Hof.

Der städtischen Ängste überführt tritt man ein: Ein Raum mit ansehnlicher Höhe, den man auch mit aller Fantasie nicht abwandeln kann in einen Ort modernen Wohndesigns, baut sich um den Besucher auf. Schweift der Blick nach oben in das mächtige, rauchgeschwärzte Gebälk, erkennt man Schwalbennester und den Zugang zum Heuboden, Körbe und Hölzernes stehen auf dem gestampften Lehmboden. Erst langsam nimmt das Auge das weite Ausmaß und Gefache der Tenne wahr, die wie dunkle Lauben in den Ecken kleben. Nirgendwo flimmerndes Licht um Gegenstände und Möbel, das ihnen Farbe, Form und Spiegelung verleihen könnte. Schatten hat seinen Ernst ausgebreitet, legt einen fast schwermütigen Zauber auf das Innere. Und doch erfüllt den Besucher nach einer Weile ein nahezu feiertägliches Gefühl. Ist es die Ruhe im Raum, der Blick in die »stillere Zeit«? Ist es die Begegnung mit einem Menschen, dessen Lebensweise eine Ahnung von früherer Kultur- und Lebensbedingung vermittelt und dessen Charakter Maßstäbe über heute noch Mögliches setzt?

Denn das Rauchhaus, das hinter seinen Krüppelwalmgiebeln das letzte mittelalterliche Kossätenhaus Mecklenburgs birgt, steht nicht leer. Seine Bewohnerin, die ehemalige Leiterin des Schönberger Heimatmuseums, hat sich mit einer authentisch belassenen Restaurationsweise einverstanden erklärt und mit ihrem Einzug in das Haus ein Refugium in Dorf und Landschaft geschaffen, nahezu eine Gegenwelt. Dieser Schritt bedeutete mehr als ein Gefühl. Vielleicht kann nur der ihn vollziehen, der die richtige Ahnung von etwas Wahrem hat, der das Erloschene in Bildern vor sich sieht und dem das Leben mit Geschichte Mühe wert ist.

Auch wenn das Umfeld nicht wiederherstellbar ist. Denn fährt man von Schönberg oder auch

◄ Rauchhaus mit Gartenansicht

Federvieh

von Rehna auf Roduchelstorf im Nordwesten Mecklenburgs zu, so reist man durch altes Bauernland, durch das bis 1933 die Grenze zwischen Mecklenburg-Schwerin und Mecklenburg-Strelitz verlief. Seine Felderwirtschaft wurde nach 1945 in Agrarwirtschaft umgewandelt und die alten Weide- und Haselnusshecken der Flurbegrenzungen sind nun schon lange für ehemalige Produktionskombinate niedergerissen. 1953 verließ der letzte Bauer des Rauchhauses diesen Ort und ging in den Westen. Zwei Jahre zuvor besaß er noch »vier Pferde, insgesamt neun Rinder, darunter vier Milchkühe, sieben Schweine [...], zwei Schafe und einundvierzig Stück Geflügel«[9]

Damit endete hier im Haus nicht nur die Tradition einer nahezu 400-jährigen Eigenwirtschaft, sondern das Haus, zunächst noch bewohnt von drei Schwestern, ab 1967 nur noch von einer, verfiel zur Ruine mit offenem Dach, aus dem Holunder wuchs.

Dabei hatte es im Laufe der Jahrhunderte ganz andere Sturmzeiten und Gefährdungen überstehen müssen. Dendrochronologische Untersuchungen des Balkenwerks nach der Wende ergaben das Erbauungsdatum 1612 für die Hofstelle II. Obwohl zunächst nur mit geringem Landbesitz versehen, wurde es dennoch in Dreiständerform errichtet, die in Mecklenburg seit Ende des Mittelalters auch bei Kleinbauernstellen verbreitet war. Auch als um 1730 mehr Land hinzugefügt wurde und daraus mit ungefähr zwanzig Hektar eine Halbhofstelle erwuchs, blieb das Haus als Rauchhaus mit der offenen Herdstelle und dem Schwibbogen in der hohen östlichen Seitenwand des Dreiständers in seiner Form bestehen.

Bei seiner Errichtung, vermutlich durch den Kossaten Asmus Eickmann, ahnte noch niemand etwas von den Kriegen, die den Bauerngenerationen auf dem Hof bevorstanden. Dem Rückschauenden sind die Gräuel aus den Kriegen in

Mecklenburg bewusst, durchleben mussten allein die Bewohner sie.

Den zunächst auf dem Hof wirtschaftenden Kleinbauerngenerationen blieb es nicht erspart nebenher als Leineweber ihr Brot zu verdienen. Als um 1730 mehr Land hinzugefügt wurde und die Kleinbauernstelle nahezu auf zwanzig Hektar anwuchs, wuchs auch das bis dahin zehn Meter lange Haus und wurde zunächst von Johann Asmus Bockholt »um ein Fach zum Dorfplatz hin«, verlängert. Er ließ an Teile der östlichen Wand eine Kübbung anbauen, 15 Jahre später als Wohnraum ein Kammerfach, das er im oberen Teil auch als Kornkammer nutzen konnte.

»Das 19. Jahrhundert hatte dem Haus nur wenige Veränderungen gebracht. Zur Hofanlage gehörte noch eine Scheune, deren Einfahrt an der Grundstücksgrenze zur Straße hin zwischen zwei Wasserlöchern lag. Sie mag im 18. Jahrhundert entstanden sein, ebenso wie der kleine Schweinestall – beide sind längst abgerissen und können über die Zeit ihrer Entstehung keine Auskunft mehr geben.«[10]

Mit dem Aussterben der Bauernfamilie Bockholt nach fast 200-jähriger Bewirtschaftung ging das Haus zunächst 1903 als Erbpacht, später in den Besitz der Familie Sevke über, die offenbar – ähnlich der heutigen Bewohnerin – auch nach der Flucht des Vaters 1953 das Unverwechselbare der Erinnerung in Lebensstil und Lebensanspruch der vorherigen Generationen, soweit es möglich erschien, beibehalten wollte. Das Rauchhaus, trotz einer 1780 erlassenen Vorschrift zum Einbau von Schornsteinen bis heute ohne Schornstein, gab wie eh und je seinen Rauch nur durch Eulenlöcher im Dach ab.

Vielleicht ist das nicht so sehr einem rückständigen Denken zuzurechnen, als vielmehr den bäuerlichen Erfahrungswerten mit ihrer überkommenen Wirtschaftsweise: In manchen Ernte-

Links: Garten im September

Rechts: Ehemalige Vorderansicht: Eingangstor

▶ Folgende Seiten: Rauchhaus zur Gartenseite

jahren musste aufgrund des Klimas noch feuchtes Korn eingefahren werden, weil der Erntetermin nicht individuell, sondern gemeinschaftlich von der Bauerngemeinde festgelegt war. Die Rauchbildung aus dem offenen Herd erwies sich für das Nachtrocknen als lebenswichtig: Schimmel hätte das Getreide verdorben. Der Rauch härtete hölzernes Fachwerk und Reetdach und tötete Insekten ab.

Solange man in der DDR noch ausreichend Holz zur Verfügung hatte, wurden in der Diele Schinken geräuchert und konserviert. Auf Wasser und Elektrizität verzichteten die Bewohner, buken bei Nachbarn, die auch im Winter mit Trinkwasser aushalfen. 1986, beim Tod der letzten Bewohnerin aus der Familie Sevke, verfiel das Haus immer mehr, so dass das Museum für mecklenburgische Architektur in Klockenhagen bei Ribnitz auf die vertraglich ausgehandelte Vereinbarung verzichtete, das Haus umsetzen zu lassen. Nach der Wende fand es in einem Ehepaar aus Mölln, das sich der Erhaltung alter mecklenburgischer Häuser verschrieben hat, Besitzer, die ihm nach einer gründlichen, aber behutsamen Wiederherstellung eine Perspektive gaben und es 1995 der heutigen Bewohnerin zur Miete anboten.

Heute begegnet man in seinen Mauern Bildern, die man längst vergessen glaubte. Niedrig angesetzte Türstürze, einer mit einem eichenen Balken misst gerade 1,60 Meter Höhe, kleine Fenster mit Sprossenscheiben außen und Verbundfenstern innen in niedrigen Stuben, gebogene Balken, die lange Jahre die Last schweren Korns getragen haben und eine an den Wänden der Stube rundumlaufende Bank lassen uns andere Jahrhunderte in Augenschein nehmen und

mit diesen noch vorhandenen Zeichen zurückfal-
len in fremde Wirklichkeiten. Das Haus, das ursprünglich keine Stube, sondern nur eine offene
Wohnnische besaß, verführt zur Erforschung der
Vergangenheit Mecklenburgs. 32 Jahre Leiterin
des Heimatmuseums in Schönberg, heute dort
noch tätig als ehrenamtliche Mitarbeiterin und
Autorin vieler Artikel über die lokale Geschichte:
Mit dieser Biografie ist die heutige Bewohnerin
prädestiniert für ihr Zuhause und dessen unver-
wechselbarem Tonfall. In der kleinen Stube, der
Döns, dem früher einzig beheizbaren Raum,
steht ein nahezu bis zur Decke reichender dunk-
ler spätklassizistischer Kachelofen, oben bestückt
mit einer Eisenplatte, verziert mit einem Relief,
aus dem zwei Greifen drohen. Er stand in einem
Bauernhaus des Nachbardorfes, dessen Balken aus
dem Jahr 1406 datieren und wird von außen, vom
alten Herd her, belegt: Ein »Bilegger«-Ofen.
Mit der Zeit hat er oben die niedrige Stubende-
cke geschwärzt.

Die Stube ist angefüllt mit Büchern, sie stapeln
sich auf Tisch und Sitzmöbel, stehen auf der
Rundbank, am Fenster. Mit ihren alten Einbän-
den, teilweise vom Ende des 19. Jahrhunderts,
wirken sie wie ein Lese- und Forschungsparadies.
Wandpaneele und Bücherregale, ein großer Holztisch in der Mitte, mit Schaffell ausgelegte Korb-
stühle und eine mit Blümchenstoff bezogene
Recamiere spiegeln das Verwachsensein der Bewohnerin mit dem Rauchhaus wider: Tendenzen
und Moden der Zeit finden keinen Platz.
Das Haus ist nichts für Romantiker: »Man muss
sich dem Haus beugen.« Diese Haltung wird besonders in den langen mecklenburgischen Win-
tern gebraucht: »Mir macht die dunkle Jahreszeit
nichts aus. Ich habe eine Schwäche für klassische
Musik, dann höre ich Schuberts Winterreise,
schaue durch die kleinen Fenster auf die Bäume,
die sich wie Scherenschnitte abzeichnen und bin
froh über die Ruhe. Bei Unwetter ziehe ich die
Stecker heraus, das Haus steht über 400 Jahre: Ich

bin kein Mensch für ein Kollektiv, das war schon während des Studiums so. Ich bin ein Maulwurf.« Die Zeichen vorsichtig beachten, die das Leben im historischen Haus lehren: Dieser Einstellung verdanken einige Tiere und Pflanzen auf dem Hof ihre wohlige Existenz und ihr harmonisches Zusammenspiel.

Die Gartenspur führt an sehr alten, nicht mehr benennbaren Obstbaumsorten vorbei, »da passen die Pomologen«. Darüber hinaus gibt es den Gelben Richard, den Boskop, den schon um 1530 bekannten Roten Eisenapfel und den Krieger, der im Gras liegend, zwar durchfriert, aber bis Mitte Mai hält und von der Wacholderdrossel gefressen wird. Sie überwintert aus Skandinavien kommend hier.

Ulmen, Kastanien und Eschen, Holunder, ein uralter Nussbaum und Ilex, dazu die Doppellinde umstehen das Gehöft seit vielen Jahrzehnten. Durch den Feldstecher wurden in einem alten Apfelbaum acht Blaumeisen entdeckt, die nun vor den Katzen geschützt werden müssen. Sie sind die natürlichen Feinde der aus Südosteuropa eingeschleppten Miniermotte. Die von ihr befallene Kastanie wird seit diesem Jahr allmählich gesünder. In einer toten, geköpften Esche brütete, nahezu unsichtbar, ein Stockentenpaar. Aber die Sonne spiegelte sich in ihren Augen, so wurden sie entdeckt: »Das halbe Dorf kam zu Besuch.« Auch der Gartenrotschwanz, Vogel des Jahres 2011, hat auf dem Hof ein Zuhause.

Die Bewohnerin hat sich für ihre alten Bäume, die sie sehr liebt, entschieden: Sonnenanbeter, Blumen, die der Sonne entgegenwachsen möchten, kann sie daher in ihrem eher schattigen Garten, den man fast als Waldgarten bezeichnen könnte, nicht anpflanzen. Kröten »mit ihren wunderschönen Augen« finden in den Wurzelräumen der alten Bäume hinreichend Platz. »Bei jedem Rasenmähen schaue ich erst einmal, ob dort nicht eine Kröte liegt.« Auch im Fundament des Hauses gibt es Tiere wie Ringelnattern, Springfrösche

Links: Lehmwand mit Fachwerkansicht

Rechts: Teilansicht der Bibliothek

und Waldeidechsen. Fledermäuse lieben das alte Dach. Vor dem Holztor wächst am Eingang eine Karde, die im Sommer, bevor sie ihre Kolben entwickelt, einen Ring von lavendelblauen kleinen Blüten trägt. Ihn schätzen die Hummeln.

Dieser Garten um das alte Rauchhaus braucht einen Typus Mensch, der sich mit seinem Wesen und seiner Eigenart beschäftigt, der ihm Aufmerksamkeit und Sorgfalt zukommen lässt, der ihm Zeit widmet. Vielleicht braucht er gerade die Haltung, die der Gartenphilosoph Rudolf Borchardt mit einer »Ertrotzung des Paradieses« in seinem Werk »Der leidenschaftliche Gärtner« aus dem Jahr 1987 beschreibt.

»Morgens füttere ich erst einmal meine Gänse, dann trinke ich Kaffee, lese die Zeitung.« So im Einklang mit sich und ihrer Umgebung vermisst die Hausbewohnerin Reisen überhaupt nicht. Zur DDR-Zeit, auch als ehrenamtliche Denkmalpflegerin tätig, hat sie für die »Ostseezeitung«

sämtliche Dörfer im Kreis Grevesmühlen besucht, meistens zu Fuß oder mit dem Bus. Das genaue historische Wissen aus ihrem Umfeld scheint ihr ausreichend, um die Zeit zu verstehen. Sie bescheidet sich mit dem für sie Wesentlichen und begrenzt ihren Blickwinkel ganz bewusst darauf. So fördert sie nicht nur in der Region die Erhaltung eines Kleinods, sondern hinterlässt im Besucher ein Aufhorchen über moderne Lebensansprüche.

Im Rauchhaus waren die Bewohner in der Vergangenheit schwerarbeitende, wohl auch zunächst arme Leute, die sich aber durch die Zeit zu helfen gewusst haben. Sich zumeist selbst überlassen, haben sie Entmutigungen widerstanden und bis 1953 mit überkommener Wirtschaftsweise überlebt.

Dann hat die Geschichte sie entbehrlich werden lassen. In dem alten Rauchhaus aber sind sie dank der Bewohnerin als Individuen wohl verwahrt.

»Schönheit und Anmut«
Ein Ackerbürgerhaus in Klütz

Wenn die See mit ihrer Brandung im Herbst die Steilküste abzutragen versucht und der Sturm das Meer fasst, wenn Kolonien von Möwen sich mit scharfen Konturen vom Himmel abheben und Steinbrech und Grasnelke sich im Wiesenland der Dünen zurückgezogen haben, wenn Graureiher nur noch vereinzelt sichtbar werden und spätsommerliche Farbgebungen endgültig verfließen, ändert sich der Charakter des Gebietes um das alte Seebad Boltenhagen. Ähnlich den meisten Seevogelarten sind Badegäste südwestlich gezogen, nur wenige bleiben während der Winterzeit. Kaum legt sich der Sturm, glänzt die Bucht als silbrige Wasserfläche vor dem Festland.

Fest und streng wird der Winter einkehren. Er wird auch in das wenige Kilometer landeinwärts liegende Städtchen Klütz kommen, das ähnlich vielen mecklenburgischen Landstädten als offene, ohne Stadtmauer umgrenzte Kleinstadt bereits 1230 Eingang in das Ratzeburger Zehntregister findet. Es ist schon eine Zeit her, dass der Winter die umliegenden Wälder im Mondschein mit kaltem Licht ausfüllte und die Äxte der mit Barbarossas Holzprivileg ausgestatteten Lübecker Schwarzwildrotten, Dachse und Füchse vertrieben.

Im Winter gehen die Bewohner nun vorsichtig auf dem verschneiten runden Kopfsteinpflaster ihrer Straßen zum Marktplatz und besuchen die kleinen umliegenden Geschäfte, deren vielfältiges Sortiment auch auf den Bedarf der Landbevölkerung ausgerichtet ist. Vielleicht, weil es ein ritterschaftliches kleines Städtchen war und von den Adelsfamilien Plessen und Bothmer regiert wurde, besitzt es eine relativ mächtige Kirche.

Die Bischofsmütze der dreischiffigen Marienkirche trägt jeden Winter eine Schneehaube und der eine und andere Alteingesessene erinnert sich bei einem Blick auf ihn an die Anfangszeit der Reformation im Klützer Winkel, als der Ratzeburger Bischof einen aus Lübeck geflohenen lutherischen Prediger im Schönberger Turm einschließen ließ. »Da sattelt der ganze Adel des Klützer Winkels um seinen Prediger zu befreien.«[11]

Die Bewohner des Klützer Winkels waren nicht nur selbstbewusst und wehrhaft, sondern auch dem neuen Glauben gegenüber hellhörig. Mit Stolz betrachten sie ihre aus Gotik und Romanik stammende Backsteinkirche, die dem Klützer Winkel bis heute weithin Orientierungspunkt und Halt verleiht.

◄ Eingang zur Gärtnerei

In der Gärtnerei

Winter – früh scheidende Sonne hinter den kahlen Baumkronen um die Kirche. Die Hausformen entlang der Straßen des kleinen Städtchens entsprechen nicht so sehr dem bunten, individuellen Reichtum süd- und mitteldeutscher Architektur. Aber mit ihren warmen Farben und einfachen Formen ergänzen sie das Landschaftsbild des Klützer Winkels. Zu dieser Jahreszeit geben sie Gedanken Raum, die den Sommer über auf anderes konzentriert sein müssen. Nun können Träume ihre Form entfalten und Ideen Bewegung in Vergangenes bringen.

In einem dieser Häuser bringt der Winter für Julia Schmoldt, der zart anmutenden Gärtnerin der »Klützer Blumenkate«, die notwendige Ruhepause, um sich auf ihre hunderte Varietäten umfassende Pflanzensammlung zu konzentrieren und, wie eine impressionistische Malerin, die Farben im Lichtspiel des kommenden Sommers neu zu komponieren. Diese Arbeit muss sie nicht allein tun, das Haus und seine besondere Anlage helfen ihr. Obwohl im Zentrum der Kleinstadt gelegen, schaut es zurück auf eine Kette von naturverbundenen Generationen.

Die Familie lebt in der ältesten noch vollständig erhaltenen Stadtbauernstelle in Klütz. Das Anwesen besteht aus vier Teilen, dem Wohnhaus, einem großen Stallgebäude, das früher als Kuh- und Pferdestall mit einem Rüben- und Kartoffelkeller genutzt wurde, einem kleinen Stallgebäude,

in dem früher Schweine gehalten und gewaschen wurden und einer Scheune, genutzt für Jungvieh und zum Dreschen.

Obwohl die Bauernstelle deutlich älter sein dürfte, hat man nur das Datum 1847 in der Scheune gefunden. Ein Bauernhaus mitten in der Stadt. Es handelt sich um ein Ackerbürgerhaus, deren Bewohner kleinerer Landstädte sich in der Vergangenheit mehr oder weniger intensiv mit Landwirtschaft und Viehhaltung beschäftigt haben. Im Mittelalter gab es in der Stadt nahezu keinen Bewohner, der nicht auf Selbstversorgung durch eine kleine Landwirtschaft und Viehhaltung mit Hühnern, Kaninchen, Schafen angewiesen war. Manche Ackerbürger hatten dafür viel Land in

der städtischen Feldmark zur Verfügung, andere erhielten für ihre Tiere Weiderechte auf städtischen Wiesen oder an Wegerändern. Ihre Hausformen waren daher auf Tiere und Vorratshaltung angelegt. Auch wenn Ackerbürgerhäuser keinen besonderen Baustil aufweisen, verfügten sie doch, als es in den Städten noch mehr Raum gab, über ein Eingangstor, durch das ein Einspänner bequem fahren konnte, über einen Seitengang für die Bewohner und einen direkten Weg zum Hof. Von der Diele ab gingen Wohn- und Schlafräume, ähnlich den Kübbungen der niedersächsischen Hallenhäusern, darüber befand sich einen Dachboden zu Lagerungszwecken. Die Bewohner lebten, möglichst nahe dem städtischen Leben, nach

vorne heraus. Die oft 400 Jahre alten Bauernstellen veränderten sich im Laufe der Zeit durch
Umbauten ihrer Bewohner, bisweilen wurden sie
durch städtische Handwerker in Besitz genommen, die sie ihren Arbeits- und Wohnbedürfnis-
sen anpassten.

Unklar ist, ob Ackerbürger im Laufe der Zeit
dasselbe Bürgerrecht wie städtische Einwohner
besaßen, aber sicher ist, dass ihnen, als die Häuser
in den Städten enger zusammen rücken mussten,
aus feuerpolizeilichen Gründen immer mehr Ein-
schränkungen ihrer landwirtschaftlichen Tätigkeiten auferlegt wurden: Auch Rohrdächer wurden verboten, ebenso Strohwiepen, die kleinen
Strohbündel zur Dichtung der Pfannendächer,
erlaubte man nicht länger und schrieb stattdes-
sen Kalkmörtel zum Verputzen vor. Nach einer
Polizeiordnung der mecklenburgischen Herzöge
Heinrich und Albert von 1516 durften Scheu-
nentore nur eine geringe Breite aufweisen, da man
Korndreschen innerhalb der Stadt nicht duldete.
Dafür errichtete man besondere Scheunenviertel
oder Scheunenstraßen. Allmählich wurden städtische Häuser »hoch hinaus« errichtet und man
blickte mit einer gewissen Missachtung auf das

niedrige Ackerbürgerhaus. Dabei war das Wohnhaus der ländlichen Stadtbewohner längs der
Straße errichtet und hatte seine Vordertür nach
vorne heraus, so dass die mit im Haus enthalte-
nen Wirtschaftsräume nicht auf den ersten Blick
erkennbar waren.

Viele Stadtbauern gaben bereits im 19. Jahrhundert ihre Wirtschaft in der Stadt auf. Mit Vieh
unter einem Dach zu leben schien den städtischen
Verhältnissen immer weniger angemessen.

Die ländliche Bauernstelle aber, die im August
2002 mit Carsten und Julia Schmoldt neue Besitzer findet, scheint noch länger bewirtschaftet
gewesen zu sein.

Zuletzt wird sie von einer älteren Dame bewohnt, die zur DDR-Zeit für die Instandsetzung
nichts mehr tun kann. Nach einem Leerstand
von 14 Jahren verfällt das Haus, die Dächer aller
Hofgebäude sind zerstört und das umliegende
Grundstück ist völlig verwildert. Glücklicherwei-
se liegt es im Sanierungsgebiet der Stadt, so dass
Fördergelder in Anspruch genommen werden
können, auch ein vorzeitig ausgezahltes Erbe hilft
weiter, denn »es war richtig Schrott, alle Decken-
gebäude kaputt geregnet«.

Sinnvollerweise saniert man zuerst die Dächer und beginnt mit der bereits einsturzgefährdeten Scheune. »Im Stall hielten die Steine nur noch aus Luft und Liebe, es war ein Abenteuer, dort hoch zu gehen, die Schwägerin ist erst einmal mit dem Fuß durchgerutscht. Das Waschhaus war innen feucht, mit Lackfarben verkleistert.« Bei dem Zustand des Hofes erklären die meisten Verwandten sie »für verrückt«, aber trotzdem helfen sie mit ihrer Arbeitsleistung bei der Wiederherstellung. Besonders das unter Denkmalschutz stehende Wohnhaus soll möglichst original erhalten bleiben: Alte Türen, Lehmwände und Originalfußböden, darunter Terrazzo, werden bewahrt. Alte Stallgarnituren werden gesäubert, selbst die dunklen alten Drehschalter benutzt man weiterhin. »Zwar ist das Haus im Innenbereich relativ klein, aber es ist ein sehr schönes Wohnen mit den Lehmwänden.« 2005 gewinnt das Wohnhaus den Bauherrenpreis.

Neben den Bauarbeiten fängt die Familie mit Unterstützung zahlreicher Verwandter an, das Land urbar zu machen. »Der Garten war stockdunkel. Brombeeren, Giersch, Quecke, Winden, Brennnesseln standen meterhoch. Mit den Jahren hatten sich auch Eschen angesammelt, sie hoben bereits das Gemäuer an. Wir haben wochenlang hängerweise alles gereinigt. Zum Glück besitzt ein Schwager einen Minibagger, gesenst wurde mit dem Einscharpflug. Wir haben nahezu komplett den Giersch heraus gezogen. Ab und zu stoßen wir noch auf Winden, sie werden sofort mit der Wurzel ausgegraben, wenn notwendig, waschen wir den Boden aus.«

Viel wird ausgegraben, aber nichts Wertvolles vernichtet. Ein alter Birnbaum darf stehen bleiben. Aus den Hecken sammelt man Felssteine, umfangreiche Pflasterarbeiten beginnen.

Endlich haben die Unkrautmühen ein Ende, das Anwesen als plane Ebene mit Licht und Schatten, Wellen und Senken wird erkennbar. Der entstandene große Raum ist abgesammelt, ein Plan für die Staudengärtnerei kann erstellt werden. Rondelle, Quadrate, geschwungene Formen sollen einen Platz finden, in ihnen, ähnlich der Konzeption eines Bauerngartens, durcheinander wirbelnde Farben von Gepflanztem. Wieder hilft die Familie: Zwanzig Verwandte pflanzen unermüdlich in Formen und Farben auf der entstandenen Freifläche. Es soll kein Gartenraum werden, der demjenigen gleicht, der aus der Perspektive eines Zeichners entworfen ist, sondern für das menschliche Auge auf die Leitmotive Schönheit und Anmut ausgerichtet werden. Intuitiv erdenkt die Gärtnerin dabei Natürliches: »Es ist nicht so gestylt, ich habe lustige Farbmischungen.«

Nachdem die Pionierarbeit mit Idealismus und viel Vorstellungsvermögen abgeschlossen ist, ergibt das alte Stadtbauerngehöft ein kultiviertes Ensemble, in dem das Alte behutsam bewahrt und erneuert ist.

»Wir haben in unserer Schaugärtnerei Vielfalt. Kräuter, Chrysanthemen, Steingartenpflanzen, Lilien, Sommerstauden für den Schnitt, für Sonne, Schatten, Halbschatten, Gräser, Glockenblumen, die traditionellen alten Stauden, die weiße chinesische Wiesenraute, von der bei dem nackten Frost in diesem Winter aber viele erfroren sind. Wir bestellen besonderes Saatgut und freuen uns, wenn es gedeiht.«

So spricht eine von Kindheit an interessierte Gärtnerin, von ihr äußerte schon der Großvater: »Da kriecht sie auf dem Boden herum und zieht die Quecke heraus.« Den ganzen Tag an der frischen Luft, das macht den besonderen Reiz der Beschäftigung aus.

2004 wird die Staudengärtnerei eröffnet. Am ersten Tag hat sie bereits vierhundert Besucher, auch in den nachfolgenden Jahren wird sie während der Aufbauphase in der Region weiterhin

gut angenommen. Die Gärtnerei wächst. Immer mehr Bestellungen gehen ein, neben Einheimischen und Badegästen suchen auch Stammkunden aus entfernt liegenden Städten Pflanzen aus. Ein neues, dunkelgrün lackiertes Gewächshaus findet sich ein. Über tausend selbst angefertigte Pflanzenschilder werden eigenhändig beschrieben. Im Winter stehen die Anzuchten überall herum, auch im Wohnhaus, in der Küche. »Es ist sehr familiär und individuell.« Unter dem langen Stall im Rübenkeller liegen im Winter Dahlien, im übrigen Jahr ist er ein Lagerungsort für Pflanzkisten und Körbe.

Im Sommer setzt sich der Garten aus den Sequenzen von Himmel, Wegen und Beeten, in denen sich die Blumen immer wieder neu öffnen und schließen, zusammen. Wuchernde, scheinbar in ihrer Kraft ungezähmte hohe Sommerstauden stehen überall zwischen Töpfen, Körben und Pflanzschalen. Und dennoch vergisst der Besucher in einer Gärtnerei zu sein. Sie wirkt an vielen Orten wie ein Privatgarten, der eine sehr persön-

liche Führung hat, sie ist eine Art Gegenbild zu einer professionell spezialisierten, einseitig ausgerichteten. Diese Gärtnerei, entstanden auf traditionell bäuerlich fruchtbarem Grund, passt sich der Geschichte von Landschaftsbild und Architektur des Klützer Winkels an, sie zaubert mit den Leitpflanzen der Landschaft Bilder, in denen der Besucher sich darauf besinnen muss, wo er eigentlich ist, für einen Augenblick vermag er sich der realen Welt zu entfremden. Vielleicht ist es das, was den guten Erfolg der Gärtnerei ausmacht, dass sie im Besucher den Wunsch evoziert von diesem Gefühl zumindest in einem kleinen Blumentopf etwas mit nach Hause zu nehmen.

Von der Gartenbegrenzung aus hinter Dächern verborgen erblickt man die äußerste Spitze des Marienturms und Gedanken an vergangene Harmonie von Stadt und Land holen den Besucher ein. Mit einem botanischen Erbe gibt dieses historische Bauernhaus der Stadt etwas von der vergangenen Geschichte zurück. Dem Pflanzenliebhaber errichtet es eine Insel.

»Orientierung und Hoffnung«
Ein Niederdeutsches Haus in Hohenkirchen

Vom Propheten Jesaja, dessen hölzerne Statue – neben anderen Figuren – den Altar der Dorfkirche in Hohenkirchen ziert, geht das Wort aus: »Die Hand des Herrn ist nicht zu kurz, um zu helfen und sein Ohr nicht zu schwer, um zu hören«. (Jes. 59,1)

Das alte Bauerngeschlecht der Familie Reuter sitzt auf einer 400 Jahre alten Hofstelle an der Wohlenberger Wiek im Klützer Winkel. Es hat durch Generationen die mächtige Backsteinkirche besucht und der Verkündigung von der Holzkanzel zugehört, die 1739 vom Schweriner Hofbildhauer Heinrich Johann Bülle geschaffen wurde. Es hat an Sonn- und Feiertagen auf den 1749 geschnitzten Altar desselben Künstlers geschaut und vielleicht im Laufe der Jahre aus Jesajas Worten wie alle Kirchenbesucher der Parochie Trost schöpfen müssen für die kleinen, täglich so schwierigen Dinge in Zeiten, in denen Handarbeit in Haus und Hof den Lebensrhythmus bestimmte, ritterliche Gutsbesitzer dem Fronbauern Dienste abforderten und Vieh und Mensch gemeinsam unter dem Dach des Niedersachsenhauses lebten, in dem Geburt und Tod stattfanden. Der Himmel über dem Land ist weit, der Lauf des Lebens aber in immerwährender Abhängigkeit von der Natur ein Kreisen um Existenzsicherung. So tut es gut, den Alltag von etwas durchdringen zu lassen mit ein wenig Glanz von der Kirche. Denn Peter Hartwig Röhter, geboren 1741, ist Erbzinsmann des Hofes und begründet in der Familie die Tradition eines Kirchenjurates, der alle männlichen Erben in einer Linie bis hin zu Hans Heinrich Joachim Reuter im 20. Jahrhundert folgen. Mit ihm endet der Status der Erbpacht, denn er wird zum Hofbesitzer der Hufe fünf. Ihm scheint gelungen bleibend zu besitzen, was alle anderen vorher erarbeitet haben.

Das Amt des Kirchenjurates, eine Art Kirchenvorsteher oder Kirchengeschworener, vom Patronat ernannt und verpflichtet, Vorteil und Recht der Kirche wahrzunehmen, ist im Dorf eine wichtige und herausgehobene Aufgabe, die achtbare Besitzer der größten Höfe erhielten. Und die Familie Reuter ist eine angesehene und achtbare Familie, deren lange Ahnentafel im Kirchenbuch von Hohenkirchen verzeichnet ist. Um die-

◄ Historische Giebelansicht mit Familie Reuter

Stallfenster an der Vorschauer

sen Ruf im Dorf von Generation zu Generation
zu bewahren, muss das Leben eines Menschen
geschlossen figurierte Umrisse aufweisen, ausge-
wogen und nicht allein in Arbeit erschöpft sein,
Stufen entfalten, die in Notzeiten hoffnungsvoll
einen Weg weisen können.

Sechs Generationen blicken sonntags ruhig auf
die Holzfigur an der Kanzel, gehorsam leisten sie
zähe Arbeit, kultivieren und bringen zum Wachsen. Auch in der eigenen Familie ernten sie dafür
Achtung. Ausdruck dafür ist ein vom 1. Januar
1831 datierter Brief aus Hohenkirchen, der noch
heute im Haus hängt:

Liebe Eltern,
Kein Zeitpunkt mahnt mich mehr mein kind-
lich Herz Ihnen zu eröffnen als der Wechsel des
Jahres. Gott danke ich vor allen Dingen, daß er
Sie über dem verflossenen Jahr in Gesundheit
und Frieden hat zurücklegen lassen. Wie glück-
lich kann ich mich fühlen, daß es Ihnen da-
durch möglich wurde für meine Ernährung und
Erziehung so wohltätig zu sorgen. Dank Ihnen,
teuerste Eltern, für die Wohltaten, die mir in den
bisherigen Jahren gezeigt wurden, Gott vergelte
Ihnen daher im Neuen Jahr viel Gutes.
Leben Sie wohl.
Ich verbleibe Ihr getreuester Sohn
Joachim Reuter

Hohenkirchen, benannt nach der auf einem
Hügel liegenden Kirche an der Wohlenberger
Wiek, wird im 13. Jahrhundert besiedelt. Die
leicht hügelige Landschaft, geprägt von der Eiszeit, hieß in alten Quellen »Clutse nemus«, das
Klützer Waldgebiet. Als Kaiser Barbarossa der
aufstrebenden Hansestadt Lübeck 1188 die Nutzung des Gebietes für Bau- und Feuerholz zusi-
cherte, wurde mit der Rodung begonnen, landwirtschaftliche Siedlungsfläche erschlossen. Die
schwere Arbeit lohnte sich, denn das Ackerland
erwies sich als äußerst fruchtbar und besitzt bis

heute die höchste Bonitätsstufe in Mecklenburg. Die Arbeit ging schnell voran, bereits 1230 findet Hohenkirchen Erwähnung im Ratzeburger Zehntregister. Aus diesem Jahr datieren vermutlich auch Teile des Kirchenbaus, im 15. Jahrhundert wird er erweitert. Zunächst sind es freie Bauern, die zur Besiedlung in den Klützer Winkel gerufen werden. Im Laufe der nächsten Jahrhunderte ändert sich ihr Status, als die umgebende Ritterschaft ihr Abhängigkeitsnetz über das Land wirft. Die Familie Reuter leistet als Fronbauern Dienst bei dem mecklenburgisch-holsteinischem Adelsgeschlecht Plessen in Hoikendorf.

Aber es bleibt der an vielen Tagen weit ausgespannte Himmel über der Ostsee. Seine Wolken beschatten manchmal eine kleine Zeit im Jahr die Bucht. Es bleibt der Ruf der Wildgänse im Herbst, der wilden Schwäne, die dicht über dem Wasser der Wiek in lang gestreckter Reihe schweben: Es ist immer derselbe Himmel, in dessen Weite Hoffnungen und Ängste fallen und es ist immer dasselbe Land, das vom dicht neben dem Pfarrhaus stehenden Niedersachsenhaus der Familie bis an die Wiek reicht. Hier leben sie mit dem Notwendigen, den wiederkehrenden Handgriffen, den Pflanz- und Ernteregeln. Sie kennen das Licht der Jahreszeiten auf dem Land, das zu allen Tageszeiten unterschiedlich einfallende Sonnenlicht auf dem Acker. Und jede Generation, die der Erbzinsmänner und Erbpächter, vertieft ihre Anhänglichkeit. Hans Joachim Friedrich Reuter, der letzte Erbpächter, kann, aufbauend auf seinen fleißigen Vorfahren, so gut wirtschaften, dass er in der Lage ist, seinen drei Söhnen je einen Hof zu kaufen und seine Töchter auszuzahlen.

Das Meer, vom Kirchenhügel gut zu erblicken, ein Symbol für Immerwährendes und Andauerndes, suggeriert bei den Menschen auf dem Erbhof die Erwartung von Bleibendem. Diese Hoffnung scheint sich zu erfüllen, als zu Beginn des

Das 400 Jahre alte Hallenhaus

Rückwärtiger, ehemaliger Fachwerkgiebel

20. Jahrhunderts der Hof Eigentum der Familie Reuter wird. Margarete Wegener, eine Tochter der Familie, beschreibt in ihren Erinnerungen »Aus meinem Leben« den Vater als einen sehr sorgfältigen Bauern. 1921 übernimmt Hans Heinrich Joachim Reuter als Erbe den Haupthof, nachdem er eine Zeit in der Umgebung als Gutsinspektor gearbeitet hat. In dem alten Bauernhaus hatten viele Menschen Platz, Fremde und hilfsbedürftige Verwandte. Auf dem Dachboden des Stallgebäudes, das heute noch mit Nonnen eingedeckt ist, lagerte Korn. Um weiteres Stehlen zu vermeiden, habe er die Kornhaufen eingekreist. Seine besondere Liebe habe den Pferden gegolten, seinen Hannoveranern, die er nicht nur zum Wirtschaften, sondern auch »ein wenig zum Repräsentieren« brauchte, sechs Pferde standen in der Regel im Stall. Der heutige Hoferbe kennt ihn als einen sozialen Bauern. Er habe viele Hilfskräfte eingestellt, aber für alle sei um fünf Uhr Feierabend gewesen, auch wenn die Sonne noch hoch am Himmel geschienen habe. Für ihn habe immer

eine klare Regel geherrscht: »Erst der Hof, dann die Leute, dann die Familie.« Wenn sich die Kinder über diese Reihenfolge einmal beschwerten, wurde ihnen klar gemacht, dass sie in der bevorzugten Situation derjenigen seien, die im Gegensatz zu den Tagelöhnern eine Heimat hätten.

Das niedersächsische Hallenhaus, ursprünglich reetgedeckt, erfährt im Lauf seiner Geschichte Umbauten: Eine Jahreszahl steht noch heute auf einem Stein an der Hofauffahrt. Auf die große Tenne, deren Dach teilweise zur Heulagerung geöffnet wird, fahren nach wie vor Pferde mit ihren Heuwagen. Man weißelt die Tenne hin und wieder, erneuert ihren Boden mit Lehm. Schwalben haben hier ihre Nester. Die Erntekrone, nach altem Brauch einmal im Jahr zum Erntetanz in die Gastwirtschaft gebracht, hängt das Jahr über in der Tenne. Bei Sturm schließt man die großen Außentore. Wegen der Regenzeit in Frühling und Herbst wird der gesamte Hof gepflastert.

Hinter dem Haus hat bis 1945 ein klassischer Bauerngarten mit Gemüse, Obst und Blumen seinen Platz. Lange Beetreihen mit unterschiedlichen Pflanzenformen wechseln mit Obstbäumen und Beerensorten ab. Pflaumen hängen im September tief, stundenlang, bis in die Nacht hinein, werden sie zu Mus gerührt, das in Herbst und Winter als Brotaufstrich gebraucht wird. »Im Sommer war es oft wie ein Taubenschlag. Verwandte, aber auch Fremde gingen vor Anker.«[12] Die Verwandlung der Zeit. In anderen Epochen werden Übergänge als gleitend empfunden, fast unmerklich geschehen Veränderungen. Nicht so hier auf dem Hof. Seine Geschichte umfasst ein langes Werden, aber die Bedrohung kommt plötzlich, erste Vorboten davon bei Kriegsende: »Die Flüchtlinge hatten es oft schwer bei den Bauern Hier hat keiner gehungert. Jeden Abend kamen andere mit Pferd und Wagen, wir gaben ihnen Hafer und Heu und kochten eine Klütersuppe mit richtiger Milch, in die Mehl und Ei hinein gerührt wurde, für alle. Wir hatten ja noch Kühe.«

1951 wird der Hof enteignet, weil das für Großbauern hochgeschraubte Soll nicht zu erfüllen ist. Diese Zeit hinterlässt einen tiefen Schmerz bei der Hofgeneration. Der Vater, in langer familiärer Generationenkette als Bauer mit Land und Hof verwachsen, wird nun als Großbauer zu einem Glied in der Abfolge von Gesellschaftsformationen degradiert, sein Signum: »Reaktionär«. Wie aber fühlt sich das an? Sollte sich die Geschichte der vorausgegangenen Bauern zu Erinnerungen verflüchtigen? Der Verlust des ihm anvertrauten Landes: Die Situation scheint zum ersten Mal in der Generationengeschichte ohne Hoffnung. In der Umgebung verschwinden ganze Bauerndörfer, ihr Land wird parzelliert, an Siedler vergeben. Das Bauernehepaar lebt in zwei unbeheizten Zimmern ihres Hofes.

Nach dem 17. Juni 1953, in der kurzen Tauwetterperiode, wird der Hof zurück gegeben, 1960 erneut enteignet. Aber man vergisst den erneuerten Eintrag im Grundbuch auszutragen. So fällt es nach der Wende leichter, Haus und Land zurück zu erhalten. Zufall?

»Wir hätten auch weglaufen können. Aber es ist ein alter Erbhof.«

Die politischen Umstände treten zurück vor der tiefempfundenen Bindung an Land und Hof. Der Sohn knüpft an die Leistung vieler Bauerngenerationen an. Auch als Lohnarbeiter fühlt er sich nicht ohnmächtig, wird gleichgültig oder gar passiv. Die guten Traditionen, Eckpunkte und Koordinaten des Lebens aus allen Hofgenerationen, bieten Orientierung und entfalten sich wie bei allen vorausgegangenen Geschlechtern auch unter anderen Zeitumständen: »Wir haben in der Kälber- und Sauenaufzuchtanlage gearbeitet. Wir haben so gewirtschaftet, als ob es das Eige-

ne wäre. Wir haben unsere Arbeit gemacht, wir waren anerkannt. Wir kommen aus einer alten Bauernfamilie. ›Reuter‹, das war jemand. Am 1. März 1955 sind wir in die LPG gegangen. Wir waren die ersten, denen man eine verantwortungsvolle Aufgabe übergeben hat. Wir haben um jedes Tier, um jedes Kälbchen, gekämpft. Wir haben Pferd und Pflug genommen, Rasen und Blumen im alten Bauerngarten umgegraben zu einem Nutzgarten: Kartoffeln, Rüben, Gemüse, Obstbäume. Wir hatten kein leichtes Leben. Wir haben hier zur Miete gelebt. 1994 haben wir den Hof zurückerhalten. Nach der Wende war es wunderbar. Uns bekommt hier keiner mehr heraus.«

»Wenn Sturm kommt, fliegen die Möwen auf das Land, sie zeigen das schlechte Wetter an.«

Heute kommt kein Sturm. Das Meer in der Bucht kräuselt sich nur leicht. Es liegt nicht weit vom Friedhof auf dem Kirchenhügel entfernt. Trotzdem fuhr man früher Badegäste mit dem alten »Peter«, dem Pferd, das sein Gnadenbrot auf dem Hof fressen durfte, an die Wiek.

Früher und heute: Die alte Grabstätte der Familie Reuter hat hier oben ihren Platz und schützt die Vorfahren, die niemals ihre Heimat verlassen haben, vor Vergessen, auch wenn das Land müde und grau war. Vielleicht war es die helfende Hand, von deren Gegenwart die Holzfigur des Propheten Jesaja durch alle Zeiten kündet, damit sich die ferngerückt scheinende Welt wieder so öffnen konnte, wie Hermann Hesse es empfand:

Es hält der blaue Tag
Für eine Stunde auf der Höhe Rast.
Sein Licht hält jedes Ding umfaßt,
Wie man's in Träumen sehen mag;
Daß schattenlos die Welt
in Blau und Gold gewiegt,
In lauter Duft und reifem Frieden liegt.

»Die Hinterlassenschaft würdigen«
Der Hof Hoher Schönberg

Wenn im Frühling Schneeglöckchen und Ane-
monen unter den alten Bäumen dem Schlosspark
von Kalkhorst Licht und Eleganz verleihen und
man in weiter Entfernung die Türme des Schlos-
ses aus alter Zeit liegen sieht, kommen einem vielleicht die ersten Verse aus dem XIX. Sonett der
»Sonette an Orpheus« von Rainer Maria Rilke
ins Gedächtnis, die er im Februar 1922 auf Cha-
teau de Muzot verfasste:

> Wandelt sich rasch auch die Welt
> Wie Wolkengestalten
> Alles Vollendete fällt
> Heim zum Uralten.[13]

Die ehemalige Parochie Kalkhorst, zu deren Gemeinde das Dorf Hohen Schönberg gehört, hat in
den Jahrhunderten nach seiner Gründung durch
deutsche Kolonisten sichtbare Veränderungen
erfahren. Die Wiederherstellung zur alten Form
war meist nicht möglich und wäre auch nur ein
Anzeichen für Stillstand. Vielleicht waren die Zeiten »vollendet« und die sich aus ihnen ergebene
Wandlung für die nächste Generation gedacht.
Wandlung von Traditionellem kommt oft einem
Abschiednehmen gleich, manchmal befreit es
auch. Zurück zum Überkommenen aber: Ist das
in unseren Augen nicht tief verwandt mit Ableh-
nung gesellschaftlicher Zeichen der Gegenwart?
Gleichsam als bevorzuge man das Alte und ließe
das Neue nicht durch?
Auf dem Hof Hoher Schönberg, etwas außerhalb
vom Dorf, am Rand der Straße auf einer Anhöhe gelegen, umschließt das Wort »zurück« eher
Sehnsucht nach einer alten Realität, in der das

Leben auf dem Land Mensch und Natur nicht
so weit voneinander trennte wie in der Zeit der
Agrar-Industrie.
»Ich war auf der Suche nach einem kleinen Bauernhof mit offener Feuerstelle. Ich wollte am offenen Feuer leben. Es war mein Traum, meine Idee
auszuprobieren, wie die Menschen früher gelebt
haben. Ich wollte mich so vorsichtig wie möglich
verhalten mit Natur und Umwelt, nicht mehr so
energieaufwendig, in so viel Konsum.«
Es ist ein Leben orientiert an Verzicht und gleichzeitig bestimmt vom freien Willen, das nun an-
bricht.

◀ Bei der Gartenarbeit

Hofstein

Links: Schweinestall

Rechts: Historische
Rosenzucht

1998: Vom Hörensagen hat der gelernte KFZ-Mechaniker und staatlich geprüfte Wirtschafter mit dem Schwerpunkt auf ökologischem Landbau von dem leerstehenden Niederdeutschen Hallenhaus im Klützer Winkel gehört. Zunächst erscheint es ihm zu nah an der Ostsee gelegen, dann aber schaut er es sich an und findet originale Lehmwände, Fachwerk von außen. Aber das Herzstück des Hauses, die alte Feuerstelle ist abgerissen, nur Rauchspuren am Balken zeigen ihren ehemaligen Standort an. Das Haus hat bereits einen Schornstein. Das Zweiständerhallenhaus aus der Mitte des 19. Jahrhunderts ist allerdings innen noch relativ original erhalten. Da der Dreiseitenhof am Hang des höchsten Berges der Umgebung liegt, hat man von seiner Spitze einen guten Blick über die Bucht zwischen Wismar und Lübeck. Auch die alte mecklenburgische Baumallee an der Chaussee nach Kalkhorst trägt zum Zauber des Grundstücks bei. Dahinter steht der Kühlensteiner- und Leonorenwald, das einzig er-

haltene zusammenhängende Waldstück, das dem im 13. Jahrhundert beginnenden Rodungsprozess nicht zum Opfer fallen konnte, weil es nicht zur Umwandlung in eine landwirtschaftliche Nutzfläche geeignet war: Kleinere Moore und sumpfige Flächen durchziehen es bis heute und verleihen ihm, auch mit den beiden nordamerikanischen Mammutbäumen, einen mystischen Charakter.
Bei diesem idealen Standort fällt der Abschied vom alten Leben nicht schwer. Es gelingt das Anwesen von den letzten Hoferben zu kaufen. Aber da hat es bereits eine Zeit des Leerstands hinter sich, die sich auf seinen Zustand auswirkten. Die handschriftlich abgefasste Hauschronik hat darüber vermerkt: »Der Hof wurde furchtbar zugerichtet durch Fremde, die ihn regelmäßig aufsuchten, um ihren Aggressionen freien Lauf zu lassen.« Nachdem alles Übriggebliebene aus der Vergangenheit des Hauses wie Türklinken, Futtertröge, Ofenklappen, Stallfenster, steinerne Treppenstufen gestohlen ist, wird das Haus systematisch zerstört.

◀ Am alten Brunnen

»Sogar Balken wurden aus dem Fachwerk gesägt, und am Ende waren nicht nur alle Fensterscheiben, sondern sogar die Fensterflügel zerstört worden. Außerdem hatten die Menschen inzwischen begonnen das Haus und den völlig verwilderten Garten als Müllplatz zu nutzen. Drei wunderschöne große Kachelöfen wurden ebenfalls mutwillig zerstört. Die Kacheln waren ebenso wie die anderen zertrümmerten Möbel, Einweckgläser und so weiter im ganzen Haus verstreut.«

Das Schreckgesicht des Hofes verwandelt sich in wenigen Monaten in eines, mit dem die neuen Besitzer dem alten Haus seine Würde zurückgeben. Alles Materielle war im Inneren zerstört, aber hinterließen die alten Bauernfamilien ihnen nicht etwas anderes, viel Wertvolleres, das zu ihrem Traum zu passen scheint?

Das Vorhaben ist es, die bäuerliche Kultur vergangener Zeiten nachzuempfinden und dadurch zu bewahren. Man möchte den Besuchern einen Einblick geben, wie in früheren Jahrhunderten Landwirtschaft betrieben wurde. Da man hier auf dem Dreiseitgehöft noch Ackerbau und Viehzucht bis 1960 nebeneinander besaß und das Land mit Pferden bestellte, sollen die fast dreißig Hektar Land bebaut werden. Der lehmige Boden ist fruchtbar und besitzt sehr hohe Bodenpunkte. Der Tierbestand soll langsam wachsen und sich vor allem aus bedrohten Haustierrassen rekrutieren.

Die neuen Hofbesitzer sind jung, möchten aus dem Bann ihres bisherigen Lebens austreten und ein zweckvolles führen lernen.

Zunächst müssen sie retten. Früher gehörte zum Hof eine mächtige, reetgedeckte Fachwerkscheune, ein kleines, aus Feldsteinen errichtetes Backhaus neben dem heute noch vorhandenen letzten Teich (ursprünglich waren es drei Teiche), eine Kiesgrube auf dem Hohen Schönberg, zu der allein die Hofgenerationen das Schürfrecht besaßen und einen Brunnen auf dem Berg neben dem kleinen Teich, »der sehr viel gutes Wasser gehabt haben soll«. Die Gebäude gibt es nicht mehr, selbst

das Scheunenfundament war mit Kies aufgefüllt. Die Kiesgrube, zur DDR-Zeit auch vom Militär für den in Elmenhorst errichteten Radarturm ausgebeutet, besitzt nur noch eine geringe Größe. Das den Hof umgebende Land war verpachtet, seine intensive Nutzung hatte die Landschaft verändert: Ein kleinerer See wurde nach und nach »zugepflügt«, ein vor dem Ostwind schützender Knick abgeholzt. Das führte an manchen Stellen der Landschaft hier zu Erosion. Einzig schöner Fund der Außenanlage: Ein kleiner Sumpfgrund hatte wilde Orchideen gehütet.

Auch das Haus, das heute immer noch Wohn- und Nutzteil verbindet, hatte gelitten. Das Reetdach wurde um 1900 zu Straßenseite hin mit handgefertigten Biberschwänzen eingedeckt, aus der Giebelseite entfernte man das Fachwerk, mauerte es mit Backstein hoch und veränderte die Fensteraufteilung. In späteren Jahren wurden Wandausbesserungen mit Zement und Beton vorgenommen, das führte in dem nur aus Lehm, Holz, Backsteinen und Kalkmörtel errichteten Haus zur Verschlechterung der Gefache, weil alte und neue Baustoffe ein unterschiedliches Ausdehnungsverhalten zeigten. In den siebziger Jahren schließlich deckte man den Stallteil des Haupthauses mit Eternitplatten ein, ließ dabei nur einen minimalen Dachüberstand, so dass Regenwasser die Bausubstanz schädigen konnte. Das Felssteinfundament war durch Erosion und natürliche Abtragung so weit von Erde bedeckt, dass die Bodenfeuchtigkeit in das Backsteingemäuer zog.

»Die früheren Strukturen und ursprünglichen Gegebenheiten, in die der Hof eingebettet war, wollen wir, so gut wir es können, wieder herrich-

◀ Seitliche
Eingangstür

einen Telefonanschluss und Elektrizität. Aber gekocht wird mit Holzfeuer auf einem Ahlmann-Herd, die Wäsche im Waschkessel gewaschen.

Die harte Arbeit als Bauer funktioniert nur mit einer gut organisierten Arbeitsteilung zwischen den Besitzern. Während der Mann für den Ackerbau, die Schweineaufzucht und die Rinder zuständig ist, sorgt die Frau für Hühner und Enten, für den Garten und die Gärtnerei. Die drei Kinder finden ihre Spielkameraden unter Gleichaltrigen, die aus der Umgebung von anderen Einzelwirtschaften kommen.

Früher, zur DDR-Zeit gingen die Anwohner des Gehöfts auf »ihren« Hohen Schönberg, um ihre sehnsüchtigen Blicke auf Lübeck zu richten. Das ist nun Geschichte, aber ein hölzerner Aussichtsturm mit einer Plattform soll demnächst für die vielen Hofbesucher errichtet werden.

Viele Menschen besuchen den Hof. Diplomierte Landwirte, Waldorfkinder, Rosenliebhaber. Landwirtschaftspraktikanten kommen gerne und sind beeindruckt vom ökologisch orientierten Leben, das nicht aus einer Augenblickslaune heraus entstand, sondern seit nahezu 15 Jahren weiter gereift ist.

Neben der Arbeit in einem üppig bepflanzten, traditionellen Bauerngarten mit Blumen-, Kräuter-, Beerenobst- und Gemüseanteil hat die Eigentümerin das Gehöft in einen Rosenhof verwandelt, der alljährlich zum »Tag der Offenen Gärten« viele Besucher anzieht.

Die Bedeutung der Rosenzüchtung liegt nicht so sehr in ihrer Vielfalt als vielmehr in der Auswahl der Sorten begründet. Die Hofbesitzerin züchtet überwiegend historische Rosen, sie vermehrt ihre Rosen nach dem Okulierverfahren, indem viel eigene Saat im Herbst in den Wildrosenhecken der Umgebung gesammelt und über den Winter keimfähig gemacht wird. Ein Jahr nach dem Aufschulen der Wildlinge, zu Beginn des zweiten Kulturjahres

ten. Das bedeutet, dass auch der Knick und der Weg zur Ostsee in der Zukunft wieder hergestellt werden sollen. Unser Traum ist es aber auch, die beiden verlorengegangenen Teiche irgendwann einzurichten, und aus dem steinigen Berg soll wieder Grünland werden. Wenn möglich, wollen wir vom Verkauf landwirtschaftlicher Produkte und Blumen leben.«

2012: Der unter Denkmalschutz stehende Hof sieht verwandelt aus. Die alte Scheune, aus Lehm von einem eigens angestellten Lehmbauern errichtet, ist in traditioneller Handwerksweise ausladend und breit wieder hergestellt. Das Haus beherbergt einen Laden, um selbst hergestellten Käse, Brot und Blumen des ökologisch arbeitenden Bauern zum Verkauf anzubieten. Nachdem zunächst in der Anfangszeit bewusst gänzlich ohne Strom gewirtschaftet wurde, gibt es nun

der Rose, schneidet sie den Wildling über der Okulierstelle ab. Diese konzentriert harte Arbeit leistet sie zusätzlich zu allen anderen Aufgaben auf dem Hof. Dabei steht sie im Gespräch mit vielen anderen Rosenzüchtern Norddeutschlands.

Der Besucher schaut gebannt auf die Fülle von Blumen und Pflanzen auf dem Hof. Es scheint, als wachse alles von selbst und brauche nur die Energie der Sonne und den der Pflanze innewohnenden Wachstumsplan. Dabei ist es der Gewinn aus mühevoller, disziplinierter Arbeit.

»Wenn es zutrifft, daß wir Verhaltens- und Empfindungsweisen unserer Uraltvorderen in uns tragen, dann kommt hier wohl die alte Freude der frühen Pflanzer zum Vorschein, samt der Vorfreude auf die Ernte und der Gewißheit, daß mit dem Gelingen der Vermehrung auch das eigene Gedeihen gesichert ist.«[14]

Auf diesem Hof suchen seine Besitzer für sich nach Lösungen im Umgang mit den negativen Auswirkungen von industrieller Landwirtschaft und konsumorientiertem Leben. Es ist ihnen dabei bewusst, dass sie diese Probleme nicht kleiner machen können. Ihre Motivation ist eine andere. Sie handeln aus dem Geist von Respekt gegenüber Wirtschaftsweise und Leben der uralten Bauerngeschlechter auf dem Hof. Sie schaffen dabei keine Idylle, sie widersetzen sich nur, um »ein winziges Stück Erde aus dem großen Krieg gegen die Natur herauszuhalten.«[15]

»Das versteckte Haus«
Die alte Büdnerei in Diedrichshagen

So geht es einem in Mecklenburg: Eben noch Teil der zur Ostsee strebenden Autokolonne, will man doch auf der Bundesstraße in Rüting, Landkreis Nordwestmecklenburg, lieber sogleich vom Ziel abkommen, denn man fährt schließlich durch das alte Land Bresen um Grevesmühlen, einem bereits vor der Mitte des zwölften Jahrhunderts bestehenden Territoriums, ist neugierig und der kleine Abzweig nach Diedrichshagen bringt den ersehnten Schritt aus der Welt. Die leicht hügelige Landschaft an der Stepenitz mit Wiesen, Zäunen und Weiden vermittelt mit ihrer angenehmen Leere auf Anhieb das, was sich Jean Paul bei »was man oben im Himmel einen Himmel nennt« gedacht haben mag.

Charakter der Gegend, Stimmungseigenschaft und Jahreszeit des Spätsommers bergen einen Bilderreichtum, in dem Vergangenes und Gegenwärtiges zusammenfließen: Vielleicht ist es das besondere Licht des vergehenden Sommers, das den Pfad in die frühere Zeit leichter finden und das Unvorhergesehene dieses Dorfbildes wie ein Reservat erscheinen lässt.

Verstreut an der durch das ehemalige Hagenhufendorf »Thiderikeshagen«, Diedrichshagen, führenden Straße stehen mehrere Bauernhäuser, deren Form und reich gegliederte Fassade zugeschnitten auf das Leben vergangener Generationen war. Sie stehen unzerstört, so als wäre ihre Kultur nicht an der Wurzel bedroht und sind ein Signum für das überschaubare Miteinander vergangener Bewohner.

Vor dem inneren Auge aber erscheint das Bild einer dunklen Waldsilhouette, die sich hier südlich von Grevesmühlen zumindest bis zum Ausgang des Spätmittelalters erstreckte. Die ersten mühsamen Anfänge einer ländlichen Kommune zeichnen sich ab, eine Siedlung in die Waldschneise zu schlagen, verwurzelten Wald- zu nacktem Erdboden für die erste Saat vorzubereiten: Harte Arbeit, und wenn andere Kulturen dem Müßiggang eine gewisse Würde verliehen, hier verdiente nur der Beachtung, dessen Einsatz und Kraft Gestalt annahm. Ein sakraler Platz wird geschaffen, der Bau der Kirche bereits 1260 abgeschlossen. Vermutlich waren es deutsche Siedler, die die Rodungen vornahmen, denn über eine bestehende

slawische Vorbesiedlung, über Assimilation oder Verdrängung ist an diesem Ort nichts bekannt. Im Zuge des Landesausbaus entstand in der Zeit zwischen 1230 und 1260 das Bauerndorf und Kirchspiel Diedrichshagen, ein Rodungsort mit einer verbesserten Rechtsstellung, dem Recht der Einhegung seiner Hufe.

Viel Zeit ist seitdem vergangen. Sie hat den Bauern in diesem Landesteil Lebens- und Empfindungswelten entstehen und zerbrechen lassen. Gespenstisches folgte auf Geruhsames: Harte Lebenswelten, in Abhängigkeit von Natur und Jahreszeit, die das Leben von Generationen wie einen engen Kreis bestimmte, und schließlich hat sie eine Welt zur Erscheinung gebracht, die im Schritt der Zeit in jeder Beziehung dem ländlich Althergebrachten einen Randplatz zuwies.

Aber im Dorfkern gegenüber der Kirche warten noch immer Bauernhäuser, jetzt wie historische Accessoires, entlang der alten Straße. Weites, fruchtbares Land erstreckt sich hinter ihnen: Acker, Wiese und Weide, der Wald ist lange verdrängt.

Einander versetzt gegenüberliegend stehen am Ortsausgang in Richtung Hanshagen die Büdnerei N.1 und ein Niederdeutsches Bauernhaus aus dem 19. Jahrhundert. Sie prägen in unterschiedlicher Weise das Dorfbild. Das mächtige, raumgreifende Niedersachsenhaus erhebt sich auf einer Anhöhe, vor sich einen weitausladenden Blumengarten, seitlich und im Rücken Wirtschaftsgebäude.

Die Büdnerei vom Ende des 18. Jahrhunderts schmiegt sich in die sanft gewellte Landschaft, duckt sich vorsichtig, gleichsam als lausche sie den Stimmen der Zeit, unter ein Reetdach. Sie liegt im Tal an der Stepenitz, deren Wasser sie nutzt.

Allein ihr Anblick entschädigt den Betrachter für die ausgeprägte Gesichtslosigkeit anderer Dörfer im Land, denn die Bewohner haben nicht nur ein altes Haus renoviert, sie haben die

generationenalte Form mit Ehrfurcht und genauem Wissen über die einstige Gestalt zurückgeführt in das Landschaftsbild.

Fast könnte man meinen, es sei aus einer Art Trümmerwelt neu entstanden: Das Durchgangshaus mit dem heute noch vorhandenen Tennentor glich, auch wegen seines zerstörten Daches, bei einer ersten Ortsbesichtigung 1974 einer Ruine. Alles war zerfallen. Rudimente des rechtsseitig gebauten Stalles waren noch erkennbar. Aber rankende Vegetation und einen Meter hoch wachsendes Gras trugen zur Poesie der Ruine bei. Die wild wuchernde Natur hatte sich frei entfalten können, vielleicht ein symbolischer Anklang: Das Ehepaar verliebte sich bei dieser ersten Begehung sogleich in Haus und Garten, der Anblick stimmte sie nicht melancholisch.

Die Familie zog 1971 aus einer alten thüringischen Universitätsstadt nach Rüting in einen Wohnblock. Der Mann kam als Facharzt für All-

gemeinmedizin, Praxis und Wohnung wurden gestellt. Aber es war unmöglich, auch wegen der fehlenden Infrastruktur, dem Leben im ländlichen Teil Mecklenburgs denselben kulturellen Rahmen zu geben. So dauerte es einige Zeit, bis man sich mit dem Land und seinen vorwiegend kleinen Ackerstädtchen anfreunden konnte.

Das änderte sich 1975, als der Kaufvertrag für die 1799 erbaute Büdnerei unterzeichnet war. Das historische Gebäude war ursprünglich als Nebenerwerbslandwirtschaft für kleine Leute mit ungefähr 5 Hektar Land zur Selbstversorgung mit Kleinviehhaltung gedacht. Nun sollte das Übriggebliebene als Wochenendhaus ausgebaut werden, das man von Thüringen aus nutzen wollte, denn der Plan sah vor, allmählich in die Heimatstadt zurückzukehren.

Es erwies sich als schwierig, die Verwandlung ins Lebendige ohne passendes Material zu gestalten: »Die Kunst beim Umbau war die Besorgung der

Westgiebel mit Eingangstor

▶ Folgende Seiten: Südgiebel mit Terrasse

Alter Birnbaum im
Garten

Materialien, das war abenteuerlich.« Als besonders schwierig erwies sich die Beschaffung von Holz. Witterungsbedingte Korrosion und Vernachlässigung hatten dem Haus zugesetzt. Der Giebel bestand noch aus Eichenfachwerk, konnte aber nicht erhalten werden, ansonsten wurde beim Innenausbau versucht, alles so zu lassen, wie es ursprünglich war. Neben der Arztpraxis mit einem großen Einzugsbereich nahm die Renovierung sehr viel Zeit in Anspruch nahm, doch mit der Kümmerlichkeit der Umstände entstand während des Wiederherstellungsprozesses allmählich eine Identifikation mit Haus und Land, so dass der Wunsch, nach Thüringen zurückzukehren immer mehr verblasste: »Wir haben es lieben gelernt, genießen, was wir mühevoll aufgebaut haben. Dadurch hängt man emotional sehr an dem Haus.« Auch das Erleben der Jahreszeiten mit ihren Motiven und Symbolen in Landschaft und Garten trug zu diesem Prozess bei. »Wir empfinden hier auch die vier Jahreszeiten intensiver als in der Stadt und freuen uns immer besonders auf den Frühling.« Stille und Geheimnis der Natur nehmen den Raum ein. Dieses Lebensgefühl ändert sich erst im November, wenn Stürme und Nebel den Tag bestimmen.

Auf dem Land wurde zum damaligen Zeitpunkt eine individuelle Wirtschaftsweise gefördert, so wurden Schafe zum Abgrasen des Rasens gehalten. Große Teile Mecklenburgs, besonders die höher gelegenen, eignen sich besonders zur Schafzucht: »Die einst so blühende und auch heute noch berühmte, wieder im Aufstieg begriffene Schafzucht Mecklenburgs verdankt ihre Entstehung dem furchtbarsten Kriege, der Mecklenburg heimgesucht hat, nämlich dem Dreißigjährigen Kriege. Als damals nach der Zerstörung von etwa 800 Bauerndörfern und Herrenhöfen große Strecken des Landes in ›Rusch und Busch‹ lagen, wurde Mecklenburg eine große Schafweide.«[16]

Auch in der Familie werden sie sehr geschätzt. Die uralte Rasse strahlt Ruhe aus. Nach der Wende wird in Uetersen eine Weberei besichtigt, die noch an alten Webstühlen Schafwolle verarbeitet, dort lässt man sich Decken und Steppbetten für die kalten mecklenburgischen Winter anfertigen. Noch heute pflegt die Familie die Tradition und hält auf einem Stückchen Land neben der Büdnerei Schafe.

Die alte Büdnerei steht wieder fest im Kreis der vergangenen Jahrhunderte, die heutigen Bewohner haben mit ihrer Vorstellungskraft und Empfindungswelt dem Haus seinen Charakter zurückgegeben und den Zusammenhang zur Chronologie vergangener Bewohner hergestellt. Sechs Generationen haben vor ihnen in der Büdnerei gelebt.

Das Bauernhaus ist sorgfältig restauriert. In der original erhaltenen Tenne, durch die die Heuwagen rückwärts hereinfahren mussten, steht heute eine wuchtige Gutsherrenglocke, die früher den Gutsarbeitern Essenszeiten und Arbeitsbeginn einläutete. Restaurierung des Alten und Kultiviertheit des Innenraums wurden bereits zur DDR-Zeit in der Zeitschrift »Kultur im Heim« in einer Ausgabe von 1989 gewürdigt.

Durchschreitet man den bereits seit langer Zeit wiederhergestellten Garten, so ist das Gewicht der schweren Anfangszeit nicht mehr spürbar. Das Haus liegt verborgen hinter einer hohen Hecke. Ist das Holztor geschlossen, so liegt es ruhig in seinem Versteck, nur das Reetdach ist sichtbar. Die Öffentlichkeit der Straße bleibt außen vor. Mit seinen sacht gewellten Rasenflächen, der ruhig ziehenden Stepenitz, ihrer Ufervegetation und einzelnen Bäumen stellt das Land um das Haus eher einen gartenähnlichen Naturausschnitt dar: Die Überlegung, die Landschaft in die Binnenzeichnung einzelner Gartenelemente mit einzubeziehen, ist wie eine Überschrift. Anklänge an Rousseau mit seiner Vorstellung von Natur

als freier Landschaft ohne Verformung durch den Menschen drängen sich bei einer Wanderung über den ungefähr 4000 Quadratmeter umfassenden Besitz auf. Schafe stehen neben alten Kopfweiden auf der Wiese, und obwohl es auch einen kleinen Blumengarten und Reihen von verschieden großen Kübelpflanzen rund um das Reetdachhaus verteilt gibt, stören sie das ästhetische Konzept des Landschaftsgartens nicht.

»Ein schöner Baum in der freien und nachlässigen Ausbreitung seiner Zweige und Blätter muß jedes unverwöhnte Auge reizen; aber er muß misfallen, sobald ihn die freche Hand des Gärtners in Kugeln, Pyramiden, Vasen und andere widersinnige Gestalten verkünstelt«, schreibt bereits 1777 der Kieler Professor Christian Lorenz Hirschfeldt polemisch in seiner auf Deutsch und Französisch publizierten »Theorie der Gartenkunst«, weil sie seinen Vorstellungen von einer empfindsamen Stimmungslandschaft widersprechen.[17]

Aus diesem Grund hat man lange überlegt, wie die Holzskulptur des Woseriner Bildhauers Günter Schumann in den Garten passen könne. Die realistischen Proportionen einer Giraffe, die aus einem einzigen Eichenstück gefertigt, mit ihren

Beinen aus den Aststücken, im Gras nahe der Stepenitz steht, dem Haus zugewandt, veranlasst die Besitzer mit ihrer verwitterten Oberfläche Morgen für Morgen beim Blick aus dem Küchenfenster zu einem Lächeln, besonders im Winter, wenn sie eine Schneehaube trägt.

Das alte Haus ist in einer längst versunkenen Zeit erbaut, es ist angelegt worden für Menschen der damaligen Wohn- und Arbeitskultur. Die heutigen Bewohner haben bei der Beschäftigung mit der Vergangenheit mit großer Anstrengung bewahrt, was möglich schien. Sie hatten kein Vorbild außer einer Idee, die der Erinnerung folgte: Den Gang des einstigen Lebens mit der Ruhe und Geschlossenheit des Ortes zu verbinden und Einflüsse der Ideologie auszuschließen, die Stadt und Land gleichzumachen den Anspruch erhob. Die tiefgreifende Abkehr von einem Leben, das bisher als selbstverständlich galt, gelang. Der Charme der Natur erschließt sich vielleicht nur demjenigen, der bereits eine Disposition zu innerer Ruhe und Sensibilität besitzt. Inwieweit das auch ein Erbe der im Haus zuvor lebenden Generationen war, bleibt das Geheimnis.

Früher Herbst im Garten

»Alles seufzet nach dem süßen Frieden« Ein Niederdeutsches Bauernhaus aus dem 19. Jahrhundert in Diedrichshagen

Friede, in allen Kulturen Grundlage für ein Wohlleben, hat eine indogermanische Wurzel mit der Bedeutung »Schonung« und »Freundschaft«, die alt- und mittelhochdeutsche Auslegung ist »Einfriedung, Zaun«. Das Beiwort »süß«, althochdeutsch »angenehm«, bringt die Sehnsucht eines Pastors für das Leben im Kirchspiel Diedrichshagen zum Ausdruck. Niedergeschrieben auf einem dicken Stück Papier fanden es Dachdecker bei der Aufnahme des Turmdaches, des ältesten heute noch erhaltenen Teiles der Kirche, unter dem vergoldeten Hahn in einer Kugel der Turmspitze. Das Papier, seit 1800 in den Pfarrakten, gibt Auskunft über politische Erschütterungen der Zeit. Nach verschiedenen Nachrichten über die Hinrichtungen im Verlauf der Französischen Revolution findet sich der Satz: »Alles seufzet nach dem süssen Frieden und bessern Zeiten. Gott, der allgütige gebe Frieden in seinem Land, Glück und Heil in jeder Stunde.«[18]

Die Zeiten haben sich gebessert, es ist Friede. Aber der Kollaps einer Epoche, wie die neuere mitteleuropäische Geschichte ihn zuvor noch nicht kannte, hat Spuren hinterlassen. Den Menschen, die heute am Ort leben, wurde nicht immer ein angenehmes Leben gestattet und die Wunden davon sind nicht allein im Dorfbild sichtbar. Von den sechs Niederdeutschen Hallenhäusern in Diedrichshagen sind drei übrig geblieben. Nur die Erinnerung kann die verlorengegangenen noch heraufholen, ihr Platz muss leer bleiben. Trauer darüber zu artikulieren, aus dem Abstand mehrerer Jahrzehnte, baut eine

Brücke für das Verständnis der Lebenswirklichkeit, der sich die Menschen ausgesetzt sahen. Vielleicht hilft sie auch beim Abschied.

Das Gedächtnis eines Ortes speichert nicht nur Ereignisse, sondern auch die Betroffenheit seiner Bewohner. Unberührtheit war schwer vorstellbar angesichts der konkreten Lebensumstände in der veränderten Realität nach 1945.

Die Geschichte von Zuwendung zum Alten in

◄ Bauernhaus in Diedrichshagen

Birnbaum am Haus

Diedrichshagen und die Rettung des Bestehenden ehrt diejenigen Bewohner, deren Erwartung höher als Tatsachen und deren Blickfeld größer als Aussicht auf Sonderzuteilungen war.

Es ist also eine Art Liebesgeschichte zu dem am Ort liegenden historischen Bauernhaus vom Beginn des 19. Jahrhunderts, die Einblick in die Lebensumstände seiner Bewohner gibt. Sie reiht sich nicht nur in das Prinzip Hoffnung ein, sondern entspricht auch dem Wort von der Liebe, die niemals aufhört. Denn hat sie nicht Widerspruch eingelegt gegen die herrschende Unbotmäßigkeit gegenüber der Leistung von bäuerlichen Generationen vergangener Jahrhunderte und mit Schonung und Freundschaft diejenigen behandelt, die das Bestehende gesichert haben?

Diese Liebesgeschichte nimmt zunächst 1984 einen prosaischen Anfang: Familiäre Gründe bewegen das Ehepaar mit zwei Kindern, aus einer Neubausiedlung von Schwerin auf das Land zu ziehen. Eltern und Vorfahren lebten in Diedrichshagen, die Wege von Schwerin waren ein Zeugnis der wirtschaftlichen Misere des Landes: Sie dauerten lang und waren für Verkehrsmittel jeder Art nicht widerstandsfähig. Bei ungünstiger Witterungslage erwiesen sich Wegteile als unpassierbar und man ist versucht an den Reisebericht eines Charles Apperley über seine Reise 1828 von Lübeck nach Zierow zu denken: »Der Weg war in einer Verfassung, die einen Engel um seine Ruhe gebracht hätte.«[19]

»Das Haus 84 Fuss lang, 48 Fuss breit und sei-

ne Höhe zwischen Sohle und Balzen inwändig« (Hauschronik) existiert als Hufe Nr. 7 seit dem Beginn des 19. Jahrhunderts, die Bauernstelle ist deutlich älter, von der Wende vom 16. zum 17. Jahrhundert: Ein Karsten Orth wird 1738 von seinem Sohn abgelöst. Die Hufe, der Wirtschaftsbetrieb eines Hufners, umfasst von alters her seinen gesamten Anteil am Dorfgebiet, Wohn- und Wirtschaftgebäude, Saat-, Wiesen- und Ackerland und seinen Teil an der Allmende. Im Zuge der Neubesiedlung des Landes wurde den Bauern zu einem Hufzins eine Standardfläche überlassen. Das Haus der Hufe, der Hof, liegt auf der Wohrt, die als Gemüse- und Obstgarten genutzt wird.

Das alte Bauernhaus mit seinem aus Backstein hochgemauerten Giebel befand sich in baulich einigermaßen gutem Zustand, besaß allerdings nur drei Öfen. Hatte man im strengen mecklenburgischen Winter in Schwerin die Wärme einer ferngeheizten Wohnung genossen, so schliefen die Kinder nun bei Kälte an einer »glitzernden Wand«. Und doch wird im Unterschied zur Stadt das Leben auf dem Dorf als eine Chance gesehen, naturnäher und individueller zu leben.

Das Niederdeutsche Bauernhaus datiert in seinen Grundrissen ungefähr von 1810, Baupläne dazu lassen sich von 1812/13 finden. Dieser Typ eines bäuerlichen Hallenhauses wurde bis zum Ende des 19. Jahrhunderts in Mecklenburg errichtet: Zwei Ständer, vorne das große Einfahrtstor für das volle Fuder, hinten die schmale Tür, um das Pferd wieder heraus zu führen. Die Architektur richtete sich

Blick durch den Garten auf Haus und Wirtschaftsgebäude

Links: Spätsommer-
blumen

Rechts: Blick vom
Hausgarten auf
den Kirchturm

◄ Dorfwiesen und
Kirche

► Folgende Seiten:
Vorderer Giebel mit
Reetdach

zu diesem Zeitpunkt noch immer nach der traditionellen Wirtschaftsweise.

Inzwischen sind an der Struktur des alten Familienhauses bauliche Veränderungen vorgenommen worden. Ein weit in die Jahrhunderte zurück reichendes Vorgängerhaus, denn es handelt sich um eine sehr alte Bauernstelle, stand etwas näher zum Wäldchen am Ort. Bei der Renovierung hat man im Wohnzimmer die Spur eines mit kleinen Felssteinen gepflasterten Weges gefunden, wo er aber tatsächlich genau hinführte, ist heute nicht mehr nachvollziehbar.

Der Familienname der Ehefrau lässt sich bis ins 18. Jahrhundert zurück verfolgen. Es ist der Name eines unabhängigen, freien Bauerngeschlechts, denn Diedrichshagen »in der Vogtey Rüting« existiert von Beginn an als ein dominales Bauerndorf. Während der kommenden Jahrhunderte führen dieser Rechtszustand und die guten Bodenwerte des Landes zu Wohlhabenheit und Selbstbewusstsein der Bauerngenerationen. Erst im Dreißigjährigen Krieg erfährt die Wider-

standsfähigkeit der Bauern und Dorfbewohner harte Herausforderungen: »... es sey die Gemeinde in allen zu dem Kirchspeil gehörigen Dörfern über die Hälfte und mehr verringert.« liest man in der Kirchenchronik. Die Leiden Mecklenburgs während des Dreißigjährigen Krieges sind unvergessen: Einquartierungen, Requisitionen, Plünderungen von Schweden und den Kaiserlichen, nachfolgende Hungersnot und Pest haben das Land am Ende des Krieges einer Einöde gleichgemacht. Davon werden auch die am Ort ansässigen Bauern betroffen gewesen sein.

Die Reise in Diedrichshagens Vergangenheit und in die Geschichte des Hallenhauses erfährt ab 1960 einen deutlichen Sprung. Unterwegssein im Vertrauten, dem an die Natur angepassten Lebens- und Arbeitsrhythmus, geht nun nur noch in der Erinnerung.

Nach der Zwangskollektivierung der Landwirtschaft wird der Hof von der LPG bewirtschaftet. Der Vater, ausgebildeter Landwirt, ist erst nach einer längeren Zeit der Weigerung unter Druck in

die LPG eingetreten. Er leidet verständlicherweise unter der Degradierung auf derselben Stufe zu stehen wie sein Knecht. Bedeutet das doch auch, das nun niemand mehr zur Hilfe auf dem großen Hof da ist, niemand zu anfallenden Reparaturarbeiten im Haus, für den Garten, keine Mädchen und »Köksch« für den Haushalt. Er steht allein. Er bewirtschaftet den Garten zum Eigenbedarf und beginnt im Stall mit einer Kälberaufzucht. Er sorgt für die Erhaltung des Daches und installiert 1959 ein Bad.

Erst 1984 beginnt die Familie gemeinsam mit der Innensanierung der großen Diele. Für das Rohrdach schneidet man in Dambeck und auf der Insel Poel Schilf, das Salzwasser der Ostsee eignet sich besonders dafür. 1987 wird die Zentralheizung eingebaut, aber die Öfen werden noch drei Jahre genutzt. Dann kommt die Wende, das Hallenhaus hat dank der gemeinsamen Arbeit der Familie überlebt. 1990 wird das Haus unter Denkmalschutz gestellt, mit IGB-Fördermittel zur Dorferneuerung lassen sich nun die Rohrdächer von Wohnhaus und Scheune von Grund auf sanieren, diese Aktion dauert bis 2009. Zu Beginn des Jahres 1998, nach dem Tod des Vaters, beginnt man im Wohnteil des Niedersachsenhauses nach außen zu öffnende Fenster einzusetzen. Ein neuer Fußboden kommt hinzu.

Ohne die aus Schwerin zugezogene Familie hätte das Niedersachsenhaus den geahnten Abgrund nur mühselig überwinden, die Wohn- und Lebenskultur der Bauerngenerationen schwerlich gerade so eben erhalten können: Die politischen Strukturen förderten ein schnelles Zurücksinken des Gestern.

Liebe zur gemeinsamen Tradition und Sorge um die Eltern bleibt innerhalb dieser Hausgeschichte nicht die einzige Liebesgeschichte mit gutem Ausgang. Die heutigen Besitzer waren Nachbarskinder, der Ehemann entstammt dem Pastoratshaus von Diedrichshagen, sein Vater war Pastor von 1957–1959, die Ehefrau die Bauerntochter auf der linken Seite. »Wir haben zusammen Indianer gespielt, sie war sieben Jahre alt, ich zehn. Wir sind mit dem Ort verwurzelt. Wir bleiben, solange wir können.«

An der Wand hängt eingerahmt ein altes Polsterstück, es stammt von dem Sofa der Großmutter, auf dem die Ehefrau als Baby lag, davon gibt es noch ein Foto: Erinnerung ist nicht länger ein Ornament, sondern darf wieder am konkreten Ort stattfinden.

Die Renovierung des Niederdeutschen Hauses ist abgeschlossen, Kinder und Enkelkinder nutzen es für Ferienaufenthalte. Sie finden die Wärme und Geborgenheit, die ein Teil der Hausgeschichte ihrer Vorfahren ist. Das Reethaus liegt auf einer Anhöhe mit dem Blick auf den »für ein so kleines Dorf mächtigen Kirchenbau aus dem satten Grün der Wiesen und Felder und Baumbestände.«[21]

Der Kirchturm aus dem 15. Jahrhundert mit seinen kunstvoll verschieden aufgerichteten Schildgiebeln ist eindrucksvoll. Seine Glocke, die nach Friedrich Schlie »hübsche Renaissance-Verzierungen«, trägt, ist ein Werk des Wandergießers Nikolaus Gage aus Lothringen, der ab 1658 seinen Wohnsitz in Lübeck nahm und auch in Westmecklenburg tätig war. Mit Respekt blicken die Bewohner des Hallenhauses auf die Kirche, die nun Sonntag für Sonntag den »süßen« Frieden einläutet, die anstrengende und bedrohliche Zeiten gekannt und dennoch überwunden hat, genau wie das Haus, das sich endgültig von alten Ordnungen und Gefühlswelten abgewandt hat. Es hat nicht die Vergangenheit konserviert, sondern versucht dem Dorfbild sein historisches Gesicht zu bewahren. In seinem reichen Blumengarten vor dem Straßengiebel bringt es nicht nur Schönheit, sondern auch Individualität zum Ausdruck. Sie war für die Landbewohner ein kostbares Gut.

»Ein Memento für das Mögliche« Das historische Einhaus in Pieverstorf

Stunden fahren wir schon an diesem Herbstmorgen zwischen Mühlen Eichsen und Grevesmühlen im Westen Mecklenburgs durch das abgeerntete, braungefurchte Land auf Landstraßen und Wirtschaftswegen. Der Wind treibt den Regen vor uns her. Innerhalb unserer sichtbaren Welt prägt der Acker die Ordnung und schließt in seiner Geschlossenheit den Menschen unerbittlich aus. Denn wir finden kein Bauernhaus, keine Grenzzäune, keine Landmaschinen, nur Leere und wildwuchernde Hecken. Ist es noch das Ackerland, dem Generationen von Bauern ihr Leben anpassten?

Die Erde gehorcht scheinbar allen Launen, nimmt auch eine krisenreiche Geschichte hin: Das vom Menschen nach 1945 grundlegend umgestaltete Verhältnis zur Natur findet Ausdruck in der Agrarstruktur. Ihr wird so bald nicht mehr zu entkommen sein. Anbauen und Ernten erfolgt noch nach gewohntem, wetterbedingtem Rhythmus, aber Melioration und minimale Ruhephasen für die Erde kreuzen sich mit dem Wunsch nach möglichst hoher Bodeneffizienz.

In diesem Spannungsbogen spielen sich die Gedanken ab, als wir endlich, fast schon am Ende eines schmalen Wirtschaftsweges, in Pieverstorf ein klassisches Niederdeutsches Bauernhaus finden. Zurückgesetzt, hinter einem Holzzaun auf einer Anhöhe, duckt es sich mit seinen Proportionen und seiner Farbskala in die Landschaft, nimmt angemessen Besitz von ihr und pflanzt mit seiner Erscheinung der menschlichen Seele Sehnsucht nach Einsamkeit ein. Die zierliche Besitzerin, lange Jahre aktiv in der »Interessengemeinschaft

Bauernhaus« und eigentlich aus dem Vogtland stammend, hat das Haus 1978 gekauft, nachdem sie die Gegend auf einer Studienfahrt durch Mecklenburg mit Professor Baumgarten bereits vorher für sich entdeckt hatte. »Ich war so verliebt in diese Häuser, ich wollte eines haben und so leben, wie man hier lebt.«

Im Grenzkreis Schönberg ein Haus zu kaufen war schwierig. LPG, Gemeinde und Kreis mussten zustimmen, der Kreis hatte für seinen Einspruch einen zeitlichen Spielraum von sechs Wochen. Aber die heutige Besitzerin war in der Gemeinde nicht unbekannt, da sie sich bei ihrer Arbeit als Gemeindeschwester schon länger für die älteren Menschen eingesetzt hatte. Die LPG nutzte nur die Wirtschaftsgebäude des Hauses und hatte gegen ein Deputat das Land gepachtet, so dass das Haus schließlich den Besitzer wechseln konnte.

◄ Das historische Hallenhaus: Seitenansicht

Vorderer Giebel und Vorschauer

Die Eroberung des Bauernhauses geschieht in Etappen. Zuerst erntet man im September die Äpfel, dann werden im Innern die baulichen und historischen Schätze entdeckt: »Es war nicht modern, aber es hatte alles seinen Sinn.« Die eigentliche Renovierung beginnt ein Jahr später, für die Familie steht sie unter der Maxime: »In drei Jahren haben wir es hier gemütlich.« Aber fünf Jahre zieht man von Zimmer zu Zimmer, baut Bettstellen in der Küche und findet eines Tages bei der Rückkehr die handgeschöpften Ziegel von der Bautruppe im Entsorgungscontainer. Augenblicke von Enttäuschung wechseln mit Durchbrüchen ab.

Dem Niederdeutschen Hallenhaus ist der mühsame Wiederherstellungsprozess innen und außen heute nicht mehr anzumerken, die Zwischenstufen sind vergessen. Die Verbundenheit. mit Bäuerlich-Ländlichem hat außen einen Träumergarten und innen einen außerordentlich geschlossenen Raum geschaffen. Dabei galt es mehreren

Zeitschichten abzulauschen, was geworden war und durchzugehen, was ehemals der Hofanlage zugedacht war. Denn die Besitzerin ließ sich bei ihrem vorsichtigen Wiederherstellungsprozess leiten von dem, was hier seit Menschengedenken war.

Vielleicht ist es besonders der Gemeinschaftsgedanke im typischen Einhaus, der trotz aller Anstrengung beeindruckt, vielleicht die Lebenszähigkeit der hier heimischen Generationen von Bauern: Ohne die zurückliegende Geschichte zu verklären hat die Besitzerin das Überkommene erhalten und Erschütterungen aus der Moderne ferngehalten, so dass das alte Bauernhaus vom Ende des 18. Jahrhunderts heute weder museal noch wie ein Kunstgewächs wirkt.

Der Grundriss des Durchfahrtshauses ist vollständig erhalten. Die Ständerreihen, die den Innenraum längsteilen und das Innenbild der Eingangshalle bestimmen, teilen die Mitteldiele von den niedrigeren Abseiten ab. Gleich zu Be-

ginn der Eingangshalle liegen rechter Hand die kleinen Stallkammern, die noch heute dem Pony und den Schafen ein gutes Winterquartier bieten. Der Wohnraum liegt quer am rückwärtigen Hausende, vor ihm endet die Diele. Die Besitzerin erklärt die besondere Funktion dieses Raumteiles: Hier, im Flett, befand sich der Herd, noch heute sichtbare Rauchspuren zeigen sich an den Querbalken des Dachstuhls. Darüber trockneten die leibeigenen Bauern ihr vor der Zeit abgeerntetes Getreide, nass wie es war, durch den Rauch, zu gegebener Zeit wurde es dann gedroschen: »Erst der Herr, dann's Gescherr.« Die ungefähr acht Meter breite Diele schuf den dringend benötigten Stapel- und Lagerraum auf der Dachscheune für die Ernteerträge, die aus der Ackerbestellung erwuchsen. Sie erfolgte in acht Schlägen nach genau festgelegter Fruchtfolge von reiner Winterbrache über gedüngtes Winterkorn, Sommerkorn, Kartoffeln, Lein, Roggen und Mähklee bis hin zur Weide. Das ist der Erbleih-Ordnung für

das Bauern Gehöft Nr. I zu Pieverstorf im ritterschaftlichen Amt Grevesmühlen vom 22. Juni 1855 zu entnehmen. Vier bäuerliche Erbleihen wurden vom Grafen Bernstorff, dem Grund- und Gutsherrn auf Wedendorff und zu Pieverstorf gegründet, einer dieser Erbleih-Bauern auf Gehöft Nr. I war Johann Koth. Ihm wird von gutsherrschaftlicher Seite zugesichert, »auf seiner Stelle conserviret« zu werden, solange er sich als tüchtiger Wirt betrage und die bäuerlichen Pflichten erfülle, die von Seiten des Gutsherrn Bernstorff festgelegt sind. Die zugeteilten Hufen sollen in ihrer Nutzung erhalten bleiben, ausgenommen zur Jagd, die aber nicht »in der Hof- und Gartenbefriedigung exercirt« werden darf.

Diese Erbleih-Ordnung datiert aus der Zeit nach der offiziellen Aufhebung der Leibeigenschaft in Mecklenburg, das spiegelt der Paragraph 9 wider, der zum Ausdruck bringt, dass »die Bauern einerseits von jeglichen Diensten, als da sind Wochen-, Spann- und Handdienste, Natural-Lieferungen

Links: Alter bäuerlicher Hochzeitsschrank

Rechts: Im Arbeitszimmer

Rückwärtiger Giebel

◄ Nutzgarten

künftig entfreiet sein sollen.« Andererseits bleiben Steuern und Abgaben an das Domkapitel zu Schwerin und die Kirche in Gadebusch erhalten, sowie u. a. auch die Bezahlung eines jährlichen Armengeldes, die Last der Wegebesserung und etwaige Kriegslieferungen.

Ausdrücklich ist hier auch das unveränderte Verhältnis der Bauern gegenüber ihrer Gutsherrschaft als Grundherrschaft, Gerichts- und polizeiliche Obrigkeit festgehalten. Die den Grundherren Bernstorff auf ihrem Land zustehende hohe und niedere Gerichtsbarkeit wurde seit Existieren der Herrschaft im 13. Jahrhundert von ihnen sehr ernst genommen. So liegen Prozessakten vor, die für Menschen »zur Todesstrafe führen, die auch an Ort und Stelle vollstreckt wurde«, schreibt Herrmann Graf von Bernstorff in seiner Familiengeschichte 1937. Die Akten eines Hexenprozesses aus dem Jahr 1667, der gegen die Bauersfrau Grete Vitensen geführt wird, vermitteln Einblick in die Prozessführung. Die Frau wird am 23. März 1667 zusammen mit einer anderen Verurteilten in Bernstorf verbrannt.

In der Zeit kurz nach dem Dreißigjährigen Krieg

führt ein Bernstorff sein Hausgesinde namentlich auf, dort finden wir auch den Namen Peter Koth, »ein bar Junge«, also einer, der gar nichts besaß, aber wohl noch etwas mehr im Gegensatz zu »Zacharias Grotkop, ein ganz nackigter Bauernknecht, so keine Schuhe hat«. In der Wasser- und Windmühle des Gutes in Teschow dient ein Christof Koth beim Müller als Kostknecht. Damals war ein großer Teil der Feldmark um das heutige Pieverstorf noch Eichen-und Buchenwald, Sumpf- und Bruchlandschaft. Nach und nach werden die urbar gemachten Teile landwirtschaftlich genutzt, so dass Pieverstorf bereits zu Beginn des 18. Jahrhunderts sechs Bauernstellen verzeichnet.

Zur Hofwehr eines großen Bauern in Pieverstorf gehören zehn bis zwölf Pferde, neun bis elf Rinder. Diese Vollhufner dienen auf dem Gut »von Johannis bis Michaelis wöchentlich [...] alle Tage mit 2 Personen und 3 Tage mit dem Gespann,

von Michaelis bis Johannis wöchentlich 1 Handtag und 3 Gespanntage. In der Kornernte müssen sie jeder täglich 3 Personen zu Hofe schicken und, so oft es nötig ist, einfahren.« Dienste bei der Schafschur, der Kornaussaat im Frühling und der Gewinnung von Flachs schließen sich an. Der Gebrauch der Hungerharke wird vom Gutsherrn ausdrücklich verboten, dafür wird nach eingefahrener Ernte das Erntebier gegeben, zu dem aus jedem Bauernhaus zwei Männer und eine Frau kommen dürfen.

Heute ist das Leben in diesem historischen Hallenhaus noch nicht einmal mehr eine matte Kopie vom Original. Es mutet der Bewohnerin kein unmissverständliches Abhängigkeitsverhältnis zu. Im Gegenteil: Liebe zu Haus und ländlicher Lebensweise war eine freie Wahl, das Leben der schwerarbeitenden Bauern ist ersetzt durch ein Leben, das Freude macht, weil die Bewohnerin selbst etwas hervorgebracht hat: Ein Garten, mit

30 Jahre alten Buchsbaumumrandungen in Beete und Räume eingeteilt, beherbergt eine Reihe von Pflanzen, die eine Wohnstatt für Vögel und Schmetterlinge sind.

»Was ich an Schmetterlingen liebe: Das Schweben, sie wehen im Wind, auch wenn sie fliegen. Sie sind etwas ganz Besonderes im Garten. Jeder hat eine Lieblingspflanze hier, er legt seine Eier auf der Pflanze ab, zu der er eine Beziehung hat«, diese Worte entstehen aus einer vieljährigen Beobachtung der Schmetterlinge, aus einem gemeinsamen Miteinander. Da ist zum Beispiel der sich im Moos entpuppende Hummelschwärmer: »Das ist ein Schwirrling wie ein Kolibri, er zittert in der Luft, bevor er saugt.« Schwalbenschwanz, Baumweisling, Bläuling, Zitronen- und Distelfalter, Großer Fuchs und Mauerfuchs, das Pfauenauge, der schwarzviolette Trauermantel und das zarthellbraune Wiesenvögelchen, das so gerne auf dem Wasserdost Platz nimmt: Sie alle genießen

Brennnesseln, das Harz an den Bäumen, die Hortensien, Sommerflieder und Entenschnabelfelberich im Garten. In der Beobachtung der Tiere und der Natur liegt die Quelle der Lebensfreude der Besitzerin: »Das kann ich nicht in der Stadt.«

Das Hallenhaus birgt die Schwere der vergangenen bäuerlichen Existenz in seinen Mauern und hat auch die Umkehrung der Lebenssituation von einst und jetzt mitgemacht. Es hat seine Unverwüstlichkeit in historischen Ausnahmesituationen bewahrt, hat extreme Ernte- und Klimaverhältnisse geduldig getragen, niemand kann es hindern sich heute immer noch am alten Standort wohl zu fühlen. Seit vielen Jahren schützt und deckt es wieder Menschen und kehrt sein Gesicht der Sonne zu. Aber es ist nicht blind geworden gegenüber seiner eigenen Geschichte, denn in seinen Mauern steckt immer noch die Ahnung von Früherem: Dem Miteinander von Arbeit und Wohnen.

»Dies ist der Ort«
Ein Zweiständerhaus in Groß Eichsen

Es ist schon etwas später im Jahr. Wolken, vom Wind getrieben und weit oben, bringen nur selten Schatten. Schräges, aber noch sommerliches Licht fällt auf die Straße und ihren dunklen Saum von Alleebäumen. Links und rechts laufen Furchen über die Felder zwischen Schönfeldt und Mühlen Eichsen, wie braune Flocken liegen Kastanienblätter verteilt. Leicht entfernt ein Hahnenschrei und die dünn gewordenen Stimmen der Vögel in der Luft: Ich bin angekommen.

Nachhause kommen in ein altes Bauernhaus nach Mecklenburg, das man nie zuvor gesehen hat, in dem nie zuvor Vorfahren gelebt haben: Und doch birgt dieser Satz für seine heutigen Bewohner keinen Bruch, wie in Kafkas Parabel »Heimkehr«. Er spricht ein echtes, ungebrochenes Gefühl von Angekommen sein aus und enthält Keim und Wurzel für die Motivation, einen sieben Jahre andauernden Renovierungsprozess auf der ältesten Hofstelle von Groß Eichsen zwischen Schwerin und Grevesmühlen durchzuhalten.

Das Haus, in dessen Fachwerk die Jahreszahl 1807 eingegraben ist, stand nicht immer hier am Ortsausgang von Groß Eichsen in Richtung Schönfeld Mühle und schaute auf die gestaute Stepenitz. Es wurde hier wieder aufgebaut, seine Herkunft ist ungewiss. Die letzte Bewohnerin verstarb 1995, ihre drei Kinder hatten kein Interesse am Haus, so stand es sieben Jahre leer. Am oberen First regnete es durch das Reet herein, Fenster waren notdürftig geschützt, das Felssteinfundament bedrohlich abgesackt.

Dennoch wird es als ein Juwel erkannt. Das liegt nicht nur an der Form des klassischen Zweistän-

derhauses, eines Durchfahrtshauses, eher auch daran, dass es durch seine Mauern hindurch die Geschichte eines jahrhundertealten Lebensraums von Mensch, Tier und Arbeit ausstrahlt. So hat es zunächst – auch wegen seiner Lage an der gestauten Stepenitz – viele Kaufinteressenten. Dann aber verfällt es zusehends, bis zu dem Tag, als sich das Hamburger Ehepaar das von einem Makler annoncierte Objekt ansieht:

»Wir sind zwei Jahre durch Mecklenburg gereist und haben uns zuletzt alle Arten von Häusern angesehen, Reetdächer haben uns besonders angezogen. Dann sahen wir im Oktober 2001 wie bei Dornröschen hinter einer drei, stellenweise fünf Meter hohen Dornenhecke dieses Haus, Brombeeren und Holunder, das Land herunter an der Stepenitz mit einem breiten Schilfgürtel. Es waren die alten Türen und Fenster, die uns anzogen.«

◀ Landschaft mit Kirchturmspitze von Groß Eichsen

Hausdetail

▶ Blick auf den Göpelgarten

Die Entschlüsselung des Motives, sich gerade hier, an diesem Ort niederzulassen, das eigentlich Unmögliche zu erproben, kann nicht zu nur einer Wahrheit führen: Das Bemühen, einen solchen Ort zum Leben zu erwecken, gründet sich auf Vielschichtiges. Hier spielen nicht Ökonomie und Interessen eine Rolle, eher die Verflochtenheit der Lebensgeschichte mit der in der Kindheit in Mecklenburg verbrachten Lebenszeit, vielleicht der Erfahrung einer hier zeitweise besonders geglückten Kindheit.

»Mein Mann und ich haben mecklenburgische Wurzeln. Er stammt aus der Griesen Gegend, ich habe viele Sommer bei der Großmutter in Wismar, eigentlich ein halbes Leben dort verbracht und war immer sehr traurig wieder fort zu müssen. Wir hatten immer einen Bezug zu Mecklenburg.

Unser Herz ist schon vorher hierher gewachsen.« Das Ehepaar hatte Sehnsucht nach einem Leben auf dem Land, »einem ruhenden Punkt der kreisenden Welt«, wie es T. S. Eliot formuliert. Aus der lauten Umwelt einer Großstadt herauszutreten in die Weite einer Landschaft, ist eine sehr alte Sehnsucht des städtischen Menschen. Hier wird Ruhe für den Geist möglich: »Ich ertappe mich, dass ich doch etwas tun müsste, aber die Stille fängt mich ein.« Es ist die Stille, die auch Gedanken an die Vergänglichkeit zulässt. »Ich möchte in keinem Dorf in Schleswig-Holstein oder in Hamburg begraben sein. Ich möchte hier begraben sein.« Bis vor anderthalb Jahren existierten zwei Wohnsitze, jetzt ist das Ehepaar allein in Mecklenburg zu Hause.

»Wir haben es nie bereut. Ich bin sehr dankbar,

Links: Gartenbeete

Rechts: Seiteneingang

glücklich, dass ich hier leben darf. Es ist mein Gehäuse. «

Am 11. Januar 2002 beginnt sich die Dornenhecke vorsichtig zu lichten: Der Kaufvertrag wird unterzeichnet, eine Zeit der Herausforderung beginnt.

»Jedes Wochenende sind wir mit den Kindern von Hamburg gekommen, um den Müll zu sortieren. Was wir gefunden haben an Werkzeugen, Gartengeräten, alten Flaschen und Einmachgläsern, an alten Schulheften und metallenen Weihnachtsständern, haben wir sorgfältig gereinigt. Zaumzeug, Reste eines alten Schlittens, eine Stange von der Stepenitz und ein Kochbuch in Sütterlin-Schrift aus dem Krieg haben einen neuen Platz im Haus gefunden. Alte Betten haben wir

aufarbeiten lassen. Da die alte Dame hier im Haus sehr beengt gelebt hat, haben wir ein Bett an der Wand, in der Luft hängend, gefunden. Auch das Plumpsklo haben wir als Raum gelassen. «

Nach der Vermessung des Hauses wird das Felssteinfundament renoviert, das Dach abgenommen, von dem nur noch zwei Gefache übrig sind. Holz für Holz wird behutsam auf Belastbarkeit geprüft. Am 29. November desselben Jahres feiern die neuen Bewohner bereits Richtfest. Alle Dorfbewohner, die am Wiederentstehen Anteil genommen haben, versammeln sich. Der Bürgermeister hält eine berührende Rede über die in der Geschichte enge Beziehung zwischen Hamburg und Mecklenburg und gibt seiner Freude Aus-

druck, dass das Haus neu entsteht. Niemand im Dorf habe das für möglich gehalten. Das Ehepaar ist in die Dorfgemeinschaft aufgenommen.

»In der Länge liegt die Last.« Während der nun folgenden langen Renovierungsphase erfährt das Ehepaar die Bedeutung dieser Redensart. »Wir haben viel ausgehalten. Man war unaufhörlich mit dem Haus beschäftigt. Es war dominant. Im Freundeskreis war man damit nicht so gut angesehen. Wenn man aber angefangen hat, muss man auch so weiter machen.«

Viel Zeit vergeht mit der Herstellung von Lehmwickeln, jahrelang wird daran gearbeitet. Überhaupt hat man sich dazu entschlossen, soweit es geht, alles im Haus aus Lehm zu machen. Glückli-

cherweise erlaubt das Denkmalamt Dachgauben, obwohl der Dachraum in zurückliegender Zeit nur als Lagerbereich für Stroh und Heu gedient hat. Auf diese Art kann das Dach bewohnbar gemacht werden. Energie für das Haus wird durch Erdwärme erzeugt. Im Erdgeschoss versorgt sie die Fußbodenheizung, im oberen Geschoss eine Wandheizung. So werden die Backsteine nie feucht und klamm. Den Schweinestall, der in Fundamentresten und nach Abrissen im Fachwerk zu urteilen Kübbungen aufweist, baut man aus für die zahlreichen Freunde der Familie. Bei einem Umbau des Hauses durch die vormaligen Bewohner hatte der vordere Dachraum Wohnkammern erhalten. Sie sind heute wie eine Art Zwischenstock sichtbar

Renoviertes Hallenhaus: Vordergiebel

gemacht und zeigen Fundstücke aus dem Haus, eine umfangreiche Puppensammlung der Besitzerin, aber auch Kunstwerke und selbstgemalte Bilder. Mit ihren in warmen Tönen gestrichenen Lehmwänden verleihen sie der modern ausgestatteten Wohndiele Patina von Vergangenheit.

Herzog Carl Gregor zu Mecklenburg hat in dem Buch »Erlebnis der Landschaft und adliges Landleben«[22] versucht, die Komponenten herauszufinden, die den Geist eines Hauses bestimmen. Es gehe bei einem Haus nicht einfach nur um die Mauern, sondern auch um die Gesamtheit der Sinneswahrnehmungen.

Betritt man das wiederhergestellte alte Bauernhaus durch das zur Straßenseite liegende Hoftor, so muss man sich bei der niedrig gehaltenen schmalen Tür im Tor bücken und wird sogleich vom Zauber des Alten gefangen. In den Eingangsbereich vor der Tenne hat die Besitzerin anstelle einer Garderobe einen schlichten Holztisch vor einen Spiegel gehängt. Ein Weidenkorb, geflochten von einem Korbmacher aus Gadebusch, der heute noch in den Wald geht, das Holz schält, um es dann zu Körben zu verarbeiten, drückt vielleicht am besten die Gedanken der Hausbewohner aus, mit welch sinnlichem Auge Besucher und Gäste den Geist dieses Hauses wahrnehmen könnten: Bewusst angeregt durch die Auswahl des Interieurs erscheinen vor dem assoziativen, bildschaffenden Auge einfache und arbeitende Menschen, mit funktionalem Gerät wirtschaftend, abgekehrt von städtischem Luxus, sich in das Geschick eines Bauern ordnend. Und doch weiß der heutige Besucher um die Vergangenheit solcher Bilder: Entfernt leben von der alten Zeit und gleichzeitig Gemeinsames zu teilen macht den besonderen Geist dieses Hauses aus.

Verdienst der Bewohner ist es, in ihrem Haus zeitgemäßen Wohnkomfort mit Formen einer kulturgeschichtlich untergegangenen Epoche zu verbinden. Das geschieht auf sensible, den Alltag der Vorgänger erahnende Art und Weise. So finden Elemente der rückwärtigen Zeit nicht in Form gekünstelter Mosaiksteine ihren Platz, sondern als eine dem Bauernhaus gemäße Ordnung, die vergangen und dennoch partiell wiederbelebbar ist.

Einen wichtigen Anteil daran nimmt das Leben mit der Natur. »Wir ernten viel Obst von den Streuobstwiesen, Brombeeren, Mirabellen. Die Kühe des benachbarten Bauern fressen das Fallobst.« Bis Erntemöglichkeiten wahrgenommen werden können, muss noch viel Zeit vergehen. »Wir saßen in einer eingewachsenen grünen Hölle. Erst als diese zurückgeschnitten war, war es möglich zu planen.«

Ein ehemaliger Hausbewohner gibt Auskunft, wo man die Pferde wechselte und beschreibt den Göpel an der rechten Seite des Bauernhauses. Von ihm aus lief eine Stange zum Haus, dort drechselte das Pferd. So entstand der kleine Göpelgarten mit einer halbrunden hölzernen Bank. Eine einheimische Gartenarchitektin und die Gärtnerin aus Schönfeld legen Gartenräume an, die mit der mecklenburgischen Landschaft korrespondieren sollen. Zwei Teiche folgen der sanften Abstufung des Grundstücks zur Stepenitz, mit ihren Wasserpflanzen und reichem Blumengürtel akzentuieren sie die abfallende Wiese. In der Richtung zum ehemaligen Kloster liegt der Küchengarten. Groß Eichsen war im Mittelalter ein Wallfahrtsort, Sitz des Johanniter Ordens und besitzt auch noch heute seine alte nach dem Muster des Ratzeburger Doms in Kreuzform errichtete Kirche. Der Vordergarten, wüst und voller Sandberge vorgefunden, ist formal konzipiert.

Ein Garten öffnet eine innere Welt. Die häufig in Buchs eingefassten Blumen erschließen Anklänge an alte Bauerngartenstrukturen, spiegeln in ihren zarten, ephemeren Pastelltönen Vergänglichkeit.

Eine im Halbbogen wachsende Rosenhecke im Göpelgarten, ein von der Last der Jahre sich zwischen Steinen ausruhender Baumast, der seinen Fuß endlich auf die Erde stellen darf, und sanft ins Gras gleitende Äpfel verleihen dem Garten an diesem Morgen nahezu die Züge einer Traumlandschaft. Vielleicht entspricht die Wahl der Gartenmotive den Stimmungen der Bewohner.
Im Unterschied zu den vorderen Gartenräumen ist es im hinteren Gebiet die Landschaft an der Stepenitz selbst, die zum Bild eingefangen wird. Hier im tiefen Gras, mit alten, dem Ufer des leise fließenden Flusses verwachsenen Weiden und Erlen, herrschen in nicht umgebildeter Natur Einsamkeit und Stille. Von weit her der Ruf sich sammelnder Graugänse.

Engel, schmerzliche Geheimnisse
Gehen durch hohes Gras
Und rufen versunkene Namen.

Der leichte Widerhall von Schritten,
Bittgesänge, Gespräche im Laub,
Nur von der Amsel wahrgenommen.
(Peter Huchel, Bretonische Klostergärten)

An diesem Ort lassen sich längst nicht mehr alle Namen der Bauernhausbewohner der zurückliegenden 200 Jahre aufrufen, die Geschichte hat sie einem anderen Ort übermittelt. Aber die heutigen Bewohner haben den »leichten Widerhall« ihrer Schritte erahnt und ihm langsam Raum gegeben. Obwohl sie zuvor niemals hier gewesen sind, sind sie Reisenden gleich, zurückgekehrt und haben aus der Kraft ihrer Erinnerung, »in der Unverbrüchlichkeit ihres Gedächtnisses«, erkannt, dass Heimat nicht »die äußere Bedingtheit eines Territoriums« ist, sondern etwas, was ein Mensch in sich trägt. »Wer es aber in sich trägt – der verliert es erst zusammen mit seinem Leben.«[23]

»Der eiserne Pflug« – Ein Bauerngehöft aus dem 18. Jahrhundert in Alt Meteln

Im späteren Sommer, wenn ausgedehnte, sanft gewellte Felder vom Wind lebendig gemacht ihre Schwere und Ernsthaftigkeit verlieren, und Bewegung bis zum Horizont durch die Ähren fließt, wenn Schatten und Schemen den Kupferton des reifen Korns streifen, wird das Land um das einzeln stehende Gehöft transparent und wach: Bald ist Erntezeit. Das alte Bauernhaus liegt wachsam wie auf einer Warft mitten im Korn. Es hat schon viele Ernten begleitet und überstanden, hat von seiner Kuppe aus die Mühen längst vergangener Bauerngeschlechter betrachtet und mit ihnen gebangt, hat gesehen, wie sich die Felder entgolden, dann glücklich in seinen Scheunen gesammelt, was draußen wuchs.

Am Abend hat es sein Inneres verwandelt zu Geselligkeit und Ermatteten wohl getan. Schweigsam lag es dann unter dem Nachthimmel, aber niemals verloren, denn vielleicht hat es in seinen Mauern die Worte vom Ackerbauern gehört, der, weil er sich müht, als erster an den Früchten Anteil nehmen muss (2. Tim. 2,6).

Merkwürdig: Wie Geschichte den unverwechselbaren Charakter eines Hauses bewahrt. Klingelt man als Fremder am frühen Abend an der Haustür, möchte schüchtern sein Anliegen formulieren, so wird man von einer Dame hereingebeten, muss sich in der gemütlichen, großen Wohnküche an den Holztisch setzen, zu Abend essen. Erst dann darf man erzählen. Gastfreundschaft, unbefragt und ohne verborgenen Zweifel, lässt den Fremden für eine kurze Zeit Teil des Hauses werden. Unvermutet ist er angekommen.

Dies ist das Haus eines bekannten Landwirts, Leiter einer ehemaligen LPG, Gründer der nachfolgenden Agrargemeinschaft, ehemaliger Bauernverbandsvorsitzender und Organisator für die Jagden des letzten DDR-Außenministers. Dies ist das Haus eines Mannes, der ländliche Großraumwirtschaft als eine ökonomische betrachtet, aber auch das Haus eines Mannes, der die ländlichen Wurzeln seiner Söhne behütet und jedem nach der Wende einen Bauernhof kauft.

Das Haus, das weite eigene Land mit dem Waldstück überblickend, hat von seinen guten, aber nun flüchtig gewordenen Bildern genommen und ein neues geprägt. Täglich fährt der Besitzer über das Land, um es zu prüfen, nach ihm zu sehen, ihm Beachtung zukommen zu lassen, der Schäferhund läuft neben seinem Rad. Manchmal sieht man die beiden weit vom Haus entfernt über das

◀ Blick auf das Bauerngehöft

Frühling im Wald vor Alt Meteln

Land der Agrargemeinschaft fahren, in unwirt-
lichem Wetter, dem Wind entgegen. Aber es ist
schon lange nicht mehr das Land, in das die Kolonisten einst einzogen.

Wald, Sumpf und Moor: So stellte sich die Landschaft um Alt Meteln im Nordwesten von Schwerin den Menschen vergangener Jahrhunderte dar.
Nur vereinzelt besiedelt mit weit auseinander
liegenden Gehöften: Genug Raum für alle, seien
es slawische oder deutsche Kolonisten, die hier
nebeneinander lebten. Über eine frühe slawische
Landnutzung in Alt Meteln ist aus den Chroniken
wenig zu erfahren. Der Name »Meteln« ist zwar
slawischen Ursprungs und bedeutet Gerte, Rute,
aber ebenso könnten westfälische Siedler ihn aus
ihrer Gemeinde mitgebracht haben, die am Ausgang des Mittelalters ihren kleinen Ort Meteln
verließen, der sich um das 889 dort gegründete
reichsunmittelbare Kloster gebildet hatte.

Die Siedler brachten Rodungstechnik mit und
für die Bestellung des Bodens eine Novität: Den
Eisenpflug. Er funktionierte auf den schweren
Böden der Äcker, die sie nach und nach der Erde
abrangen, gut und prägte ihr Erscheinungsbild.
Denn mit ihm konnten sie den Boden so zuein-
ander hin pflügen, dass sich kleine Rücken bildeten, auf denen in verregneten Sommern die Kru-
me trocken blieb und sich in trockenen zwischen
ihnen Feuchtigkeit ansammelte. Mit dem von
Zugtieren geführten Pflug lockerten und wen-
deten sie den Ackerboden, gaben ihm Sauerstoff,
halfen seine organischen Stoffe zu zersetzen und
bereiteten den Acker als Saatbeet vor. So hatten
sie Aussicht auf eine gute Ernte.

Die Urbarmachung führte mit der Zeit dazu, dass
sich das Landschaftsbild um Alt Meteln veränderte. Acker- und Wiesenflächen breiteten sich aus.
Das Land bearbeitete jeder Kolonist in der am
Ausgang des europäischen Mittelalters üblichen
Dreifelderwirtschaft. Benutzte man die Brache
zunächst um das Vieh der Dorfgemeinschaft zu
weiden und es auf natürliche Art zu düngen, so
wurde ungefähr vor 300 Jahren der Flurzwang
eingeführt, die Gemarkung in drei Gewanne ge-
teilt. Jetzt besaß das Dorf keine Allmende mehr,
dafür sparte man Wege und Überfahrtsrechte.
Für Fruchtfolge und Erntezeit wurde nun der
gleiche Bebauungsrhythmus festgelegt. Auch die
Brache wurde bepflanzt: Schmetterlingsblütler
wie Rotklee und Hackfruchtkultur halfen im
18. Jahrhundert die Ernährung der Menschen zu
verbessern.

Lässt man das alte Bauerndorf Alt Meteln hinter sich und fährt in Richtung Mühlen Eichsen
auf einer schmal werdenden Straße, so kommt
man am Ortsausgang rechter Hand an den Res-
ten von LPG-Ställen vorbei, deren Architektur
mit ihren harten Formen sich so gar nicht in die
sanft gewellte Landschaft einpassen will. Dann
aber schlängelt sich die Straße, gesäumt von alten Weiden, durch grüne Wiesenflächen. Möwen

kreisen und in den Feuchtgründen sammeln sich
Kraniche, verbinden sich mit der Landschaft und
verleihen ihr den Charakter von Immerwähren-
dem. Die Verwandlung der Landschaft im In-
dustriezeitalter hat auch hier stattgefunden und
der Boden gibt nicht mehr der Spur von Füßen
hinter dem Eisenpflug nach, diese Spuren sind
ausgetilgt. Trotzdem scheint es, als sei dem uralten Bauernland eine Last abgenommen, als sei es
nicht länger in Kälte gehüllt und habe abgetan,
was schwer war. Etwas seltsam Zartes liegt an diesem Spätsommertag auf ihm.

Der Hof, errichtet und ausgesiedelt um 1750,
war ursprünglich ein Dreiseitgehöft mit einer

Scheunendiele zur Straße hin. Sein Wohnhaus
war reetgedeckt. Die Dächer, Haus, Scheune
und Stall waren 1994, als die Familie das Haus
kaufte, eigentlich »kaputt«, überall kam Regen
durch und das ursprüngliche Fachwerk war »am
Ende«. Zur DDR-Zeit hatte man es mit Zement-
steinen ausgemauert. »Wir haben Fachwerk vor-
gemauert, dadurch sind die Mauern so dick.« In
der Küche befand sich ein früher offener Abfluss,
der vorhandene Terrazzo war abgenutzt. Als man
den Fußboden mit Mauersteinen legte, fand man
mitten in der Küche das Skelett einer Ratte.
Auf dem Dachboden lagen andere Schätze: Reste
von Familien- und Hauspapieren derjenigen Fa-

Südgiebel

milie, von der man nach der Wende das Anwesen kaufte. Es ist ein alter Schulfreund, dessen Familie 1953 die DDR verließ, weil er seine bäuerliche Selbständigkeit aufgeben musste. Nun kann man ihm die Familienurkunden zurückgeben. Die Familien lebten bis zur Gründung der Agrar-Genossenschaft nachbarschaftlich nebeneinander, reagierten aber auf die Einführung unterschiedlich: Während die eine mit der neuen Wirtschaftsform gar nicht zurechtkam, blieb die Familie des neuen Besitzers auf ihrem Hof, auch wenn sich der Vater sehr schwer tat, der Genossenschaft beizutreten. Er tat es eher gezwungenermaßen, als er immer weniger an Materialien, wie beispielsweise

Kunstdünger, zugeteilt bekam. Sein Sohn aber ist Realist. 1974 bis 1990 leitete er die Agrargenossenschaft auf eine Art und Weise, die ihm so viel Anerkennung zukommen ließ, dass er bei den frei stattfindenden Wahlen im selben Jahr als Leiter der Nachfolgeorganisation wieder gewählt wurde. Er schloss für sich endgültig mit der Zeit der Einzelwirtschaft ab und räumte ihr auf dem Markt wenig Überlebenschancen ein.

»Das Leben auf den alten Bauernhöfen bot keinen Raum für Romantik, sie ist eine Erfindung des Bürgertums. Essen Sie mal im Sommer den ranzigen Schinken und Speck der Vorjahresschlachtung!«

1990 meldete sich Herzog Christian Ludwig von Mecklenburg, gelernter Land- und Forstwirt, überraschend zu Besuch in der alten Heimat an. Obwohl seine Familie bereits 1945 Ludwigslust verließ und auf Schloss Glücksburg lebte, kehrte er kurz nach Kriegsende zurück, um sich wieder der Familiengüter anzunehmen. Festgenommen, darf er nach längerer Gefangenschaft, darunter auch in der Lubjanka, 1953 die Sowjetunion verlassen. Der Besuch in Alt Meteln fiel beinahe familiär aus. Die beiden Männer einte dasselbe Interesse für die Landwirtschaft in Mecklenburg und ihre Zukunft. Und der Herzog unterstützte den Vorsitzenden der Agrar-Gemeinschaft in seinem Vorhaben, »weiter zu machen nach der Wende«.

»Das Land trägt durch die beiden verlorenen Kriege eine Art Altlast mit sich. Zwei Generationen einzelwirtschaftender Bauern sind nach dem Krieg durch Kollektivierung weggebrochen. Die Entwicklung der Gemeinschaftsproduktion ist nicht mehr aufzuhalten. Man kann einzelne Nischen besetzen, wie eine Umwandlung alter Familienbetriebe in Heuhotels oder Hofläden, aber es ist der Gentechnik vergleichbar: Wenn der Teufel erst aus der Flasche ist, dann ist er nicht aufzuhalten. Man darf bei der Agrarindustrie nicht die Vorteile aus dem Auge verlieren. Durch diese Wirtschaftsweise haben wir einen solchen Wohlstand, den sich unsere Vorfahren nicht haben träumen lassen. Früher wurden 95 Prozent der Zeit für die Ernährung aufgebracht. Heute produziert

◀ Pferde auf der Koppel

ein Mann 1000 Tonnen Grundnahrungsmittel für 8000 Mann.« Vor gut 800 Jahren fing der Kultivierungsprozess mit einem Eisenpflug an, in das eigene Land zogen Bauer und Zugtier Spur für Spur. Davor hatte man lange gebraucht um das Saatgut für das Wintergetreide in kalten Regionen abzuhärten. Mit vielen Rückschlägen gelang nach und nach eine Intensivierung des Anbaus, es war eine jahrhundertelange Entwicklung zur optimalen Ausnutzung des Bodens.

An der Universität Göttingen hat man im Botanischen Garten einen Teil des Bereiches zu Studienzwecken als Dreifelderwirtschaft eingerichtet:

Ausgestorbene Wild- und Ackerkräuter lassen die Erinnerung an blühende Äcker unserer alten mitteleuropäischen Kulturlandschaft aufkommen. Sind sie Reminiszenzen des Menschen an natürliche Vielfalt, an die Verknüpfung von Nutzbarkeit und Schönheit? An den Respekt vor dem Potential der Erde?

In seinem Wohnzimmer ist auf den dunklen Ledersofas viel Platz für ein Gespräch. Der Besitzer liest aus einem Brief an Christa Wolf vor, in der er der Dichterin über ihre 1989 veröffentlichte Erzählung »Sommerstück« kritische Anerkennung über ihren Umgang mit der Landschaft um Alt

Meteln zollt, aber gleichzeitig auch den mangelnden Respekt gegenüber einer Dorfbewohnerin zu erklären bittet.

Wenig später erzählt er die Geschichte eines Schaukelstuhls im ersten Stock des Hauses: Er ist ein Geschenk des Bruders Raoul von Fidel Castro von einer Reise nach Kuba.

Die alten Bilder von Landschaft, Haus und Wirtschaftsweise sind von uns fortgetreten. Und doch zeigen die neuen, uns umgebenden nicht nur Unbekanntes.

Wenn braunes Pferdefell zwischen den Bäumen der rückwärtig gelegenen Koppel glänzt, wenn der kleine Teich frühe Blätter sammelt und Baumgeäst spiegelt, wenn die herunter gebrochene schwarze Süßkirsche behutsam gestützt weiter leben darf und die beiden Graugänse leise schnatternd den gepflasterten Hof entlang ziehen: Ist das nicht ein Zurückverwandeltes? Oder nur ein für den Augenblick Bestimmtes, Kostbares?

Hier auf dem Hof wird nicht rückwärts gespielt, der Wechsel von Einzel- zur Agrarwirtschaft aber durchbricht nicht die tiefe Zuneigung der Menschen zu ihrem Land. In ihr ruhen Vergangenheit und Zukunft wie das Geheimnis der sie umgebenden Naturgestalt.

Links: Kubanischer Schaukelstuhl

Rechts: Eingang

»Zu viel des Guten«
Eine alte Bauernstelle in Pingelshagen

Ein Leben für Kunst und ein Leben in Zweckgebundenheit und Orientierung am Notwendigen des täglichen Lebens: Wie passt das unter ein Dach, noch dazu unter das Dach eines alten Bauernhauses, das jahrhundertelang Überflüssiges aus ökonomischen Gründen hat verdammen müssen? Der Sinn musste zwangsläufig auf Erhaltung von Körperkraft gerichtet sein, um das Tagewerk zu überstehen und es sinnvoll zu organisieren. Über Jahrhunderte besaß man das nicht, was als eine Vorbedingung von schöpferischer Tätigkeit gilt: Zeit.

»Denn nimmer von nun an/taugt zum Gebrauche das Heil'ge« (Friedrich Hölderlin): Wenn Kunst an diesen Orten hätte entstehen dürfen, in vorsichtigen Regungen und Ansätzen, hätte sie gegenüber der Vorherrschaft von Nutzbringendem flüchtig und unbewahrt bleiben müssen. Denn der Hof der Hufe III in Pingelshagen, fünf Kilometer nördlich von Schwerin an der alten Chaussee Richtung Grevesmühlen, gehörte viele Jahrhunderte lang zu den wenigen Bauernhöfen des kleinsten Dorfes in Mecklenburg, die Dienste und Abgaben zwar nicht einem Ritterschaftsgut, wohl aber dem Herzog von Schwerin leisten mussten: Seit der ersten Erwähnung der vier hier existierenden Bauernhöfe im Steuerverzeichnis des Schweriner Amtes von 1433 bearbeiten sie eigenes und fremdes Land, leben in Abhängigkeit vom Schweriner Herzog, der in Pingelshagen die hohe und niedere Gerichtsbarkeit ausübt, dem auf der Feldmark allein die Hasenjagd zusteht, der von ihnen Königsbede, Haferpacht, Schneidelschwein, Ostereier fordert, dem sie auf dem herzöglichen Gut Steinfeld Hand- und Spanndienste leisten müssen.

Die Zeit der Menschen hier auf dem Hof tickt gleichmäßig und unerbittlich wie ein Metronom und lässt Imagination keinen Raum.

Als 1628 Wallenstein vom Kaiser mit Mecklenburg belehnt wird und Mecklenburgs Herzöge aufgrund der Kriegsgeschehnisse das Land verlassen, müssen die Bauern des Schweriner Amtes zu ihren Belastungen noch Einquartierungen hinnehmen und zusätzlich Kornfuhren und Munition nach Wismar und Dömitz fahren. Der Krieg greift auf das kleine Dorf über und trifft zuerst den schwächsten Bauern auf dem Hof Nr. IV. Seine Stelle wird ab 1632 als »wüst« geführt.

Vielleicht reicht die Kraft der Bauern noch aus, um sonntags den unbefestigten Feldweg nach Kirch Stück zu fahren, ihrem Kirchort, dort, wohin sie auch mit ihren Toten zum Begräbnis

◄ Blick vom Garten auf den Brunnen

Töpferkunst

◄ Garten

► Folgende Seiten:
Vorderansicht mit
Wohnhaus und Töpfer-
werkstatt

ziehen. Denn sie besitzen noch Pferde. Als aber der Pastor 1641 nach Zarrentin flieht und sein Pfarrhaus in Kirch Stück zwei Jahre später zerstört wird, wird kein Geld für ein neues bereit gestellt. Die neue Pfarrstelle führt sie nun am Moor vorbei nach Trebbow.

Der Krieg verstreut und tötet die Bauern in Pingelshagen, es gibt nur eine übriggebliebene Einwohnerin, die bereits vor dem Krieg hier ansässig ist. Alle Bauernstellen finden neue Besitzernamen: Der Krieg gräbt sich in das Kollektivgedächtnis der Menschen ein. Eine neue Siedlungswelle rollt in das entvölkerte Land Mecklenburg, man verspricht den Siedlungswilligen mehrjährige Steuerfreiheit.

Als die Hofstelle 1670 von Jochim Rüting neu besetzt wird, weil die Witwe nach dem Tod des Bauern Hinrich Tidemann die Stelle nicht allein bewirtschaften kann, gerät er in harte Zeiten: Im dänisch-schwedischen Kampf um die Vorherrschaft im Ostseeraum sind dänische und kaiserliche Truppen im Amt Schwerin einquartiert. Erneut leiden die Bauern Mecklenburgs so sehr, dass viele ihrem Hof den Rücken kehren müssen.

Aber der Name »Rüting« bleibt der Hofstelle, die auch der »Schulzenhof« heißt, bis 1911 erhalten. Ganz allmählich brechen menschenwürdigere Zeiten an. 100 Jahre später bitten die drei Bauern von Pingelshagen um die Aufhebung ihrer Dienste im Domanium, der Herzog sichert ihnen nach einer Überprüfung das Ende der Leibeigenschaft und die Aufhebung ihrer Dienste zu. Sie können ihr Haus, aber nicht das zugehörige Land kaufen. Die Bauern entscheiden sich dagegen.

Blumenbeet am Zaun

Sie haben weder Geld noch Mittel zum Hauskauf und für anfallende Reparaturen. 1842 wird der Schulzenhof als letzter der drei Bauernhöfe im Dorf vom Großherzog vererbpachtet: Haus und Scheune, beide über 100 Jahre alt, Backofen und Brunnen, Vieh, Haus- und Ackergerät werden auf gut 2000 Taler taxiert. 1864 darf ein Backhaus errichtet werden, 1881 beantragt der Bauer den Neubau eines Wohnhauses, 1897 den Anbau einer Veranda, durch die man noch heute das Bauernhaus betritt.

Die nun folgenden Zeiten lassen den Hofbewohnern erneut keinen anderen Blick als den auf ihre bäuerliche Welt, neue Abhängigkeiten nehmen ihr Inneres gefangen. Die Weltkriege und ihre Folgen erklären letztlich den Zustand von Verfall im und um das Bauernhaus, als es 2004 andere Besitzer findet.

Um zu Neuem zu finden, muss in dem Jahr zunächst viel Unangenehmes aus Haus und Garten mühselig beseitigt werden. Der letzte Besitzer will für sein Haus nichts mehr haben.

»Ich habe das Haus nur von außen gesehen, durfte nicht herein. Das Haus war unheimlich verbaut, oben und unten zwei Wohnungen. Es gab kein Licht, innen war alles dunkel. Im Spitzboden die Räucherkammer: alles war alt und modrig und feucht, es roch. Es war gruselig. Wir haben nur zwei Lehmmauern gelassen, alles andere entkernt, Ecken ausgehoben und nur unschöne Sa-

chen gefunden. Wir haben eine kleine Müllhalde herausgeholt. Nur die Außenmauern sind stehen geblieben.«

In der alten Zeit haben hier drei Flüchtlingsfamilien gewohnt, in der neuen beginnt die Gradwanderung zwischen alt und neu. »Der Punkt liegt bei jedem woanders. Mein Mann ist eigentlich ein kleiner Denkmalschützer, er interessiert sich für Geschichte, aber ich war froh, als die alten Lehmwände draußen waren.«

Entkernung des Hauses: Bedeutet sie an diesem Ort nicht aber auch eine nachdrückliche Beseitigung der alten, fest eingewurzelten Geschichte von Abhängigkeit und Unfreiheit?

In der nun hergestellten lichtvollen und raum-schaffenden Innenarchitektur verwandelt sich der Charakter des Hauses. Menschenwürdige Rahmenbedingungen geben dem Alltag einen anderen Zeittakt, verändern Rhythmus und Struktur. Der entstandene Wirkungsbereich begünstigt neue Möglichkeiten und lässt Imaginärem Raum. Das Haus hat sich nun zwei Künstler gesucht: Eine Töpferin und einen Landschaftsbauer.

»Vier Jahre habe ich Gebrauchsgeschirr getöpfert, jetzt entstehen Einzelstücke. Die Sachen werden immer freier. Das bin ich. Ich habe das Gefühl hier frei sein zu können, meine Unruhe ging hier weg. Am Anfang war es ungewohnt.«

»Wenn ich Zeit hätte, würde ich hier gerne einen Park draus machen.«

Westgiebel der Töpferei

Ansicht des Bauern-
hauses vom Garten

Das Haus und sein Standort spielen beiden Vorhaben auf eine ideale Art und Weise zu.

Am Ende des Dorfes gelegen nehmen langgezo-
gene, ruhige Linien den Horizont auf. Das vor
der Felssteinmauer zum Haus hin sich weit aus-
spannende Feld leuchtet in Licht und Farbe und
gibt der Landschaft ihre Form. Hier endet die
Dorfstraße, hier beginnt der alte Feldweg nach
Kirch Stück durch Wald und Reste vom Moor.
Im Sommer wachsen Rosen in blassrosanen Tönen an der Mauer zum Gehöft, am Wegrand
Mohn und Kornblume. Ein einzelner Baum ragt
aus dem Feld, ansonsten Stille und Einsamkeit.
Dies Bild war schon immer so und es gewährt den

Bewohnern Gelassenheit und Spannkraft für ihre
Tätigkeiten.

Der Besitzer einer Gärtnerei hat bäuerliche Wurzeln. Seine Vorfahren stammen aus dem Rhein-
land, verkauften zu Beginn des zwanzigsten Jahrhunderts ihr Land an Krupp und siedelten sich
nach der Weltwirtschaftskrise am Ortsrand von
Schwerin mit einem Bauernhof an. Die Großmutter schenkt dem Enkel ein gegenüberliegen-
des Grundstück, weil sie das ausgeprägte Interesse für Pflanzen wahrnimmt und die Gründung
einer Gärtnerei unterstützen möchte. Der Besitzer, zur DDR-Zeit Absolvent eines Garten- und
Landschaftsbaustudiums in Werder an der Havel,

möchte gerne in Dresden in der Baumschule arbeiten und sich selbständig machen. Die Bedingung: Eine dreijährige Arbeitszeit. Wolle er sich allerdings in Mecklenburg niederlassen, so erließe man ihm diese Zeit. Dorthin will er eigentlich nicht, denn das Land genießt den Ruf von Rückständigkeit. Da die Großmutter aber über Land verfügt und »jemand es haben musste«, kommt der Gärtner nach Mecklenburg: »Zuerst habe ich 1988 Obstbäume gepflanzt, Rosen gesetzt, ein ganzes Land voller Rosen, ein Jahr später begann ich mit ihrer Veredelung. 1989 haben die Schweriner in zwei Tagen alle Rosen aufgekauft. Ich bin dann nach Hamburg in die Baumschule nach Pinneberg gegangen um weiter zu lernen, 1993, als gegenüber meinem Land ein Einkaufszentrum entsteht, zurück gekommen und mit der Gärtnerei angefangen. Was ich eingekauft habe, ging sofort heraus. Ich bin ein passionierter Gärtner.«

Der hier vorgefundene Garten war nicht mehr als einer zu erkennen, Sauerkirschen, Holunder wuchsen wild, zwischen den mannshohen Brennnesseln Kartoffeln. Seine Größe war kaum noch auszumachen. Erst später entdeckt man die groß gewachsenen Buchsbäume.

Heute ist der Garten naturbelassen, die Wiese hinter dem Haus fällt auf eine Baumhecke hin ab, dahinter Kornfeld, nur weit entfernt Hausdächer. An den Holzäunen neben dem Ziegelbau Sommerblumenmischungen. Luxusblumen, Überzüchtetes hat keinen Raum. Die Auswahl der Blumen ordnet sich der umgebenden Landschaft ein. In dieser klaren und ruhigen Gartenstruktur ist ihre Blütenwirkung umso größer. Wäre der Garten der Spiegel seines Besitzers, so vereinte er hier das Bedürfnis nach Raum und Struktur. Der Gartenkünstler mischt sparsam Farbe in die Struktur, greift die Schattierungen von Himmel und Landschaft auf und lässt die Wiese mit nur wenigen schmal gepflasterten Wegen durchqueren.

Einer dieser Wege führt zum langgestreckten Ziegelanbau. Hier hat seine Frau ihre Werkstatt: Zartes, weißes Porzellan entsteht im offenen Feuer des Gasofens, steht überall auf Regalen und Tischen, manchmal mit filigraner Zeichnung versehen. Der Besucher gerät unversehens in eine Welt der Bescheidenheit. Was hier entsteht, will nicht prunken, es ergreift in seiner Schlichtheit und hinterlässt umso mehr Spuren von Feinheit und Schönheit. Ist es das Haus, das mit seinen bäuerlichen Wurzeln auf eine andere Art das Einfache zurückbringt, verfeinert und Reduktion als Kunstprinzip erkennt?

Die Töpferin, die kein Kunststudium, keine Wandergesellenzeit absolvieren wollte, beginnt 2003 mit ihrer Lehre: »Am Anfang ist man froh, wenn man zwanzig Tassen gemacht hat. Man muss herausfinden, ob es einfach nur Handwerk ist, oder ob mehr dahinter steckt. Hier habe ich sofort die Möglichkeit entdeckt eine eigene Werkstatt aufzubauen und mich selbständig zu machen. So wie man eine eigene Persönlichkeit hat, muss man eine eigene Idee haben. Man spricht natürlich nicht jeden damit an, aber man muss das in sich haben. Wie es dann herausfließt, das ist ein Prozess.«

Heute besucht die Töpferin landesweit viele Märkte, verkauft ihr zartes Porzellangeschirr in Potsdam im Holländer Viertel, in Hamburg, Braunschweig und lernt auf den Messen Keramiker, Maler, Bildhauer kennen.

»Obwohl ich Serien mache, hat jede Tasse ihr Eigenes. Ich kann das gar nicht, alles gleich machen. Ich wehre mich vor irgendetwas Einheitlichem. Jeder hat seine eigenen Empfindungen, Sinn für Farben, Formen und Proportionen.«

Um sich frei zu fühlen, sich abzugrenzen vom dunklen Töpfergeschirr, brauchte die sensible Künstlerin Ruhe, die ihr in der bisherigen Wohnung fehlte. Auf der alten Bauernstelle findet sie zu einem anderen Lebenstempo, um sich herum

den Luxus von Freiheit und Raum. »Manchmal sitzen wir in der Küche, dann sagen wir, das hier ist wunderschön, das ist zu viel des Guten.«

Die geräumige Wohnküche mit ihren tief herun-tergezogenen Fenstern zum rückwärtigen Garten hin bietet allen Mitgliedern der großen Familie Gutes: Das Klavier ist Mittelpunkt musikalischer Feste, das Sofa ein Ort von Entspannung, der lan-ge Holztisch vereint. Auf Regalen steht lang ange-sammelte Töpferei in den vielfältigen Farben und Mustern der Lieblingskünstler. Der Ort ist Aus-druck von Ästhetik und Frieden.

Das alte Bauernhaus bietet auch zu den Jahreszei-ten, in denen Wind tiefhängende Wolken über die Felder jagt, für seine Bewohner einen Ort der Ruhe. Eigentlich hätte es ein Reetgedecktes werden sollen. Aber dieses, ein Ziegelhaus mit

Kronendeckung, scheint der Familie genausoviel Sicherheit zu vermitteln, wie künstlerische Fanta-sie sie braucht, um den Zeitgeist wahrzunehmen. In welchen Formen er seinen Ausdruck findet, erscheint nicht losgelöst von der Hausgeschichte. Beschränkt auf Einfaches und Nützliches war das im Bauernhaus verwendete Geschirr sicher ur-sprünglich irden Getöpfertes. Es hatte nicht den »heiligen Charakter« der Kunst, wie Hölderlin ihn gerne gehabt hätte. Jetzt haftet er dem ebenso zum Gebrauch bestimmten an.

Nichts lässt die Geschichte unverändert. An die-sem Ort hat sie Gras wachsen lassen über harte, mühevolle Zeiten, hat begraben, was ungut war: »Obwohl wir in den ersten Nächten innen keine Türen hatten, habe ich mich niemals gefürchtet, niemals schlecht geträumt.«

»Im Zwei-Farben-Land«
Garwitz: Ein Bauernhof in der Lewitz

◀ Im Frühling

Ein früher Vormittag im August 2012: Ungebrochen und weit zieht sich der Himmel über die Lewitz. Ohne aufragende Industrietürme und lautes Stadtgewirr leiht er der Landschaft sein Wohlgefallen: Blau über Grün. So viel Grün und so viel Blau, auch jetzt noch, im Spätsommer, dass man nicht erkennt, wo sie ineinander verfließen. Die Lewitz, das Land ohne Menschen, wie es gerne in der älteren Literatur über Mecklenburgs Landschaften genannt wird, besteht aus weitgedehnten, ebenen Flächen, von denen man annehmen könnte, sie trügen ihr Grün seit Jahrhunderten und würden es stillschweigend so weiter tragen.

Aber der Blick in die Vergangenheit zeigt Verlorengegangenes, die Zukunft Ungewisses auf.

Bereits das slawische Wort »lowit« könnte mit seinen drei Bedeutungen von »Sammeln«, »Jagen« und »Wildreicher Gegend« wesentliche Charakteristika der Lewitz verdeutlichen, bot dieser weit über 10 000 Hektar große Landstrich südöstlich vom Schweriner See doch in der mittleren Steinzeit mit seinen flachen Gewässern und Niedermooren, aus denen inselartige Erhebungen hervortraten, für Sammler, Jäger und Fischer ein Eldorado, auf ausgetrockneten sandigen Moorflächen für Ackerbauer und Viehzüchter der Jungsteinzeit gute Siedlungsmöglichkeiten.

Das Gesicht der Landschaft erhielt seine besondere Prägung in der weichenden letzten Eiszeit. Gletscherschmelzwasser sammelte sich südlich von Schwerin in der Lewitz und im Störtal, spülte eine Senke aus, in der sich, von kleineren Höhen umgeben, eine Art Stausee bildete, der erst allmählich im Süden durch die Elde abfloss und eine unwirtliche, wasserdurchtränkte Ebene zurückließ. Der Boden überzog sich mit einer Torfdecke, auf der nach und nach ein Sumpfwald entstand. Hier wuchsen Weiden, Birken und Erlen, »nur auf den höheren und trockenen Stellen Eichen und Buchen.«[24]

Bis ins 13. Jahrhundert hielt der Waldreichtum für Wisent, Elch, Bär und Wolf. Für die Menschen in den Randdörfern aber verschloss sich bis dahin das Gebiet wegen seiner Unzugänglichkeit und Gefahr, an eine wirtschaftliche Nutzung war noch nicht zu denken.

Das änderte sich allmählich am Ausgang des Mittelalters, als der Graf von Schwerin am Südrand der Lewitz zur Sicherung seiner Grafschaft in Neustadt-Glewe eine Burg errichten ließ, die ab 1358 als Vogtei und den mecklenburgischen Herzögen bis ins 18. Jahrhundert als Nebenresidenz diente. Als man sie um 1500 als Schloss einrichtete, war die Waldrodung bereits im vollen Gang: Bauholzbedarf für die wachsenden Hansestädte, die Errichtung eines Raseneisensteinwerkes in Neustadt, Holzdeputanten, die für die fürstliche Haus-und Hofordnung sorgten, um die Vorräte der Schlösser aufzufüllen und angefordertes Brennholz für die Öfen der Bürgerhäuser von Neustadt, Ludwigslust und Schwerin führten zu einem florierenden Holzhandel: Bereits im 17. Jahrhundert schrumpfte der Baumbestand auf fünfundzwanzig Prozent des ursprünglichen Waldgebietes, 1620 wurden für ein fürstliches Jagdschloss in Kraak, das seit langem verfallen ist, die letzten Buchen und Eichen gefällt. Damit nahm man aus Unkenntnis und wirtschaftlichen Erwägungen der

▶ Pforte zur Streu-
obstwiese

Tierwelt den Lebensraum: Masttragende Bäume, wie Eiche und Buche, wurden erst in späteren Jahrhunderten durch Forstverordnungen besonders geschützt, weil sie Nahrung für Wild- und Schweineherden gaben.

Aus der Lewitz aber verschwanden damals endgültig Tiere, Pflanzen und Wurzelwerk alter Baumbestände. Flora und Fauna der Sumpfwälder gingen für immer verloren. Eine minimale Aufforstung kleinerer Flächen setzte im nördlichen Teil der Lewitz erst im 18. Jahrhundert um das Forstamt und Jagdschloss Friedrichsmoor, dem Besitz der Großherzöge von Mecklenburg bis 1918, ein.

Auf die entstandenen moorigen Wiesen trieben Bauern den Sommer hindurch Vieh und Pferde. Bis in die fünfziger Jahre des 20. Jahrhunderts wurde die Lewitz- Ebene einmal jährlich zur Heuernte mit » Heuhaufen betupft«,[25] man sah »hochbeladene Heuwagen, die auf Dammwegen den Dörfern zustrebten«. Ein malerisches Bild, aber vor allem in nassen Sommern harte Arbeit für die mit Sense und Harke arbeitenden Erntehelfer. Dann musste Gras in Wasserstellen geschnitten und zum Trocknen mühselig auf höher gelegene Orte getragen, viele Nächte bei einem Feuer auf der Wiese zugebracht werden. Nährstoffarme und ungedüngte Pfeifengraswiesen mit einem besonderen floristischen Reichtum waren der vorherrschende Biotop in der Wiesenlewitz.

Es sind bis heute noch ungefähr 0,1 Prozent von der Gesamtfläche übrig geblieben, denn wenig später kam durch die umfangreichen Meliorationsmaßnahmen, auch um den Ort Garwitz, die nächste einschneidende Veränderung. Die moorigen Teile wurden entwässert, andere Stellen mit Rieselgräben bewässert, durch saures Gras entwertete Flächen umgebrochen und besamt.

Charakteristischen Pflanzen- und Tierarten wurde die essenzielle Lebensgrundlage entzogen. Ein dritter Abschnitt, der die Lebenssituation der Bewohner grundlegend betraf, begann.

Dies ist die geschichtlich gewachsene Lebenslandschaft einer Bauerngeneration in dem kleinen Randort Garwitz, der seinen Namen von einem slawischen Lokator herleitet und 1278 zum ersten Mal urkundlich erwähnt wird. Die Bauernstelle, ein ursprünglich klassisches mecklenburgisches Dreiseitgehöft, ist deutlich älter als das heute existierende Gehöft, das an der langgezogenen Dorfstraße, der Lindenstraße, steht und 1904 errichtet wurde. Es existierte seit der Mitte des 19. Jahrhunderts als Erbpachtstelle, die der damalige Großherzog von Mecklenburg als bisheriger Eigentümer den Lewitzbauern überließ, um ihnen zu einer ausreichenden Existenz zu verhelfen. Zu Beginn des 20. Jahrhunderts wurde sie Eigentum und der Bauer »Hofbesitzer«. Der Bauernhof der Familie Borchert-Seiher, in der Vergangenheit auch Sitz des Schulzen, besaß vor dem Zweiten Weltkrieg 40 Hektar Land.

Das Gehöft liegt weit zurück von der Straße, abgeschlossen von einer teilweise verputzten Ziegelmauer. Linker Hand das einstige Viehhaus, der Stall, dessen ehemaliger reetgedeckter Bau aus Sicherheitsgründen (in der Nachbarschaft gab es einen Brand), zu Beginn des zwanzigsten Jahrhunderts durch einen Neubau ersetzt wurde. Die hohe, weit ausladende Fichte vor dem Bauernhaus dient als Blitzableiter, denn sie ist fünf- bis sechsmal so hoch wie das Haus: »Weil wir ein Schieferdach haben und das ist immer ein bisschen gefährlich bei Gewitter. Die Schieferdachpfannen sind auf enge Dachlatten genagelt. Das war damals das Neueste.« Die Fichte steht in einem kleinen mit Akeleien bestandenen Vorgarten, den Wurzelteil versteckt hinter einer Hecke. Ein bescheidener Sitzplatz unter diesem vom Schwieger-

vater gepflanzten 70 Jahre alten Baum bei der Gartenpforte erlaubt den Blick auf einen gestutzten Jasmin: »Wenn der blüht, wie das duftet.« Der fast neunzigjährige Bauer steht in der Eingangstür seines Hauses, liebevoll, aber auch wehmütig überblickt er seinen Hof: »Ich bin der Älteste im Dorf. Trotzdem werden Sie hier weit und breit keinen besser gepflegten Hof finden wie diesen.«

Das Durchgangshaus mit einem Frontispiz aus dem vergangenen Jahrhundert wirkt in seiner architektonischen Struktur von der Straßenseite aus sehr ruhig, nahezu verlassen, mit den rotbraunen Backsteinen fast herbe. Die Gesamtwirkung der Anlage ist auf Ordnung ausgelegt. Betrachtet man es eine Weile von der Straße her, so wird einem bewusst, dass dieses Haus nicht imponieren, Gartenpoesie und Träume über ländliches Leben evozieren möchte. Auch verwandelt sein Anblick den schauenden Städter nicht in einen Liebhaber ländlicher Idylle. Nirgendwo auf dem Gehöft findet sich Landleben imitierender Zierrat, es hat nichts Falsches an sich. Ruhig, nahezu massiv spiegelt es mit seinem Baukörper ein Leben, wie es sich hier seit Jahrzehnten unter den sich verändernden landwirtschaftlichen Bedingungen abgespielt hat: Das Haus hat sich dieser festen Bahn angepasst. Bildet diese Wirklichkeit nicht auch eine Form von Schönheit?

Die Wahrheit darüber lässt sich nicht so einfach abbilden: Schreitet man von der Straßenmauer auf das Gehöft zu, so ist es, als habe der weite Raum davor die Stimmen von Tier und Mensch in der Härte ihres Daseins gespeichert.

Eingebunden in die unerbittliche Geschichte der Lewitz-Bauern – als abgabepflichtige Dominialbauern wurden sie oft zum Spielball herzoglicher und ritterlicher Interessen – führten die Menschen auf dem Hof ein anstrengendes und hartes Leben.

»Von den 40 Hektar waren 22 Hektar Ackerland,

18 Grünland, eine Wiese reichte bis zur Elde herunter, die die Grenze zwischen Garwitz und Matzkow war. Ein Teil ist heute noch Garten. Wir hatten Roggen, Futterrüben, Kartoffeln, Kühe und Pferde. Der Acker war sehr fruchtbar: Jeder Bauer hier hatte einen Bodenwert zwischen 17 und 24. Kurz bevor die LPG kam haben wir noch alles mit Warmblütern gemacht: Pflügen, eggen, drillen, Dünger streuen. Zuchtstuten und Fohlen wurden mit aufgezogen, das musste der Junior übernehmen. Damals hatten wir zwei Bauerngärten, einen neben der Scheune, in dem wir die in Mölln gekauften Rüben vorzogen: Sie wurden in Holzkiepen von Hand in jede zweite Furche gesetzt. Einen zweiten Garten besaßen wir hinter dem Haus. Mit Kartoffeln, Erbsen und Bohnen und einem Gewächsgarten zur Elde hin war er unser Nutzgarten zur Selbstversorgung.

Bei der Ernte haben wir in der Sommerhitze die Heufuder mit Forke beladen. Hier rechts des Hauses stand der Pferdestall, oben befand sich der Heuboden. Im Giebel hatten die Eulen eine Öffnung, später haben wir sie zugemacht, damit der Westwind das Dach nicht kaputt macht. Die Eulen sind heute im Viehhaus.«

Noch ist dies erlebte Geschichte, bewahrt im Gedächtnis stehen Figuren und Namen, die das Bewusstsein noch nicht abgelegt hat. Immer wieder bedankt sich die zarte ältere Dame mit dem sanften Gesicht, die so gar nicht dem Bild einer Bäuerin entspricht, dass sie noch nicht vergessen sei. Aber sind nicht wir es, die sich bedanken müssen, weil wir das Ferne wie ein Bild aufgreifen und in den Gedanken und Erinnerungen den Wert des Vorausgegangenen erkennen dürfen? Das Verstreichen der Zeit, durch die eine Epoche sichtbar wird, zu erfassen? Und uns unmerklich dem für uns Unsichtbaren annähern dürfen?

»Hier, in diesem Zimmer, war die russische Kommandantur. Im Viehhaus waren die Gefangenen eingesperrt. Es ging alles an Mobiliar verloren. Das Leben war sehr hart. Jeden Tage habe ich gemolken, Schweine und Kühe gefüttert, die Mutter gepflegt und in der Gärtnerei der LPG Sellerie pikiert.«

Das Jahr 1959 war ein schlechtes Jahr für den Hof, der Roggen war nur minderwertiges Korn, so genanntes Hinterkorn, das Soll konnte nicht geliefert werden. Der Schwiegervater fuhr deshalb in den Raum Teterow und kaufte für das Soll bei den kleineren Landwirten mit einem ausgeliehenen Treckerzug Roggen auf und gab es in Parchim ab: »Den alten Bauern von gegenüber, der das Soll nicht erfüllen konnte, haben sie eingesperrt. In Spornitz sind 1951 über Nacht Menschen verschwunden, geflüchtet über Westberlin. Es sind nur ganz wenige geblieben, die sich nicht trennen wollten, es waren eher die Frauen, die gehen wollten, die Männer nicht.«

Der Bauer fuhr Mähdrescher in der Agrarindustrievereinigung, die sich auf einem Umfang von 9600 Hektar später auf Spargel, Möhren, Sellerie, Raps und Tabak spezialisiert hatte. »Man brauchte sich keine Sorgen zu machen, war nicht so von der Witterung abhängig, die Arbeit wurde für jeden genau eingeteilt. Die Arbeit konnte man gut aushalten, am Ende des Tages schrieb man einen Zettel, den übergab man dem Brigadier. Die LPG hatte auch ein Gutes, das war die Sozialversicherung. Wer über 600 Mark verdiente, konnte in die freiwillige Zusatzversicherung etwas einzahlen, die LPG übernahm einen weiteren Anteil, das war gut für die Rente, das kam uns zur DDR-Zeit zugute.«

Alle Bauern in Garwitz waren Mitglieder der LPG: »Uns blieb der Garten.«

Als nach der Wende die Flurbereinigung kam, gelang es der alteingesessenen Bauernfamilie, die nun bereits in Rente war, ihr Land an dem Ort zu behalten, wo es seit vielen Generationen war. Heu-

te ist es an einen Privatbauern verpachtet. Als alte Bauernfamilie beobachtet sie die landwirtschaftliche Entwicklung der Lewitz sehr kritisch.

»Früher konnte ein Bauer von 40 Hektar gut leben, heute nicht mehr. Durch Melioration sind Riesenfelder entstanden, in einem Zug wird ein halber Hektar geerntet. Als wir jung waren, haben wir einen Mähbinder gekauft, das war eine Sensation: Mit der Hacke wurden zehn Garben hingestellt, die wie ein Häuschen aussahen. Mit dem Binder fuhr man übers Feld, hat mit einem Garn gebunden, das war eine Arbeitserleichterung. Davor musste mit der Sense gemäht werden – es musste auch erst angemäht werden, damit man ans Feld kam – dann haben die Frauen die Garben abgebunden.

Durch die Spezialisierung wird hier das vierte Jahr Bio-Mais angebaut, es gibt keinen Fruchtwechsel, Dung wird nicht ausgefahren. Der Mais wird niedriger, weil es keinen Mikrokosmos mehr gibt, der Boden wird einseitig ausgelaugt. Das ist nicht gesund. Früher hatte hier jeder Bauer Kühe auf der Lewitzkoppel, abends kehrten sie zurück. Heute steht hier das schottische Hochlandrind. Auf den Höfen begegnen einem weder Hund noch Katze, Landwirte im klassischen Sinn gibt es nicht mehr.«

»Das erhalten, wie es ist«: Dieser Satz des Bauern

Vorderansicht des um 1910 errichteten Bauernhauses

steht unvermutet im Raum. Er hört sich wie eine Herausforderung an, seine Formulierung führt die Wirklichkeit vor Augen. Wird die Geschichte ihm eine Rolle zuspielen? Nur noch einzelne Geschichten leben im Gedächtnis der Menschen auf dem Hof, sichtbar in emotionaler Wortwahl: Als die Bäuerin mit Wohlgefallen erzählt, wie ihr Urgroßvater vor dem ersten Weltkrieg den letzten Wolf am Dorfanfang tötete, stellt sie unbewusst einen Bezug zu tief verwurzelten Ängsten vergangener Bauerngeschlechte in der Lewitz her: Jahrhundertelang vermieden es die Lewitzbauern den Wolf bei seinem Namen zu nennen. Er hieß »Untier«, als so außerordentlich wurde seine Bedrohung empfunden. Auch der Bauer hat eine unverwechselbare Erinnerung an ein Tier: Im Storchennest auf der Nachbarwiese zog zwei Jahre zuvor der Weißstorch ein, »mein Freund, der kam jeden Tag zur hinteren Tür und wollte was zum Fressen.« Man taut den vom Sohn geangelten Fisch auf, sobald er geschnitten wird, »kam

der Storch, danach nahm er einen Schluck aus der Regentonne und fing an zu klappern. Dann hat ihn ein LKW voll genommen, ich brachte ihn noch zum Tierarzt.« Heute lebt die nächste Storchengeneration nebenan.

Das Land um das Bauernhaus grenzt nach hinten an die Elde, dem mit 208 Kilometern längsten Fluss Mecklenburgs. Ein Fluss, der mit seinen Kanalisierungsabschnitten einen Teil der wechselvollen Lewitz-Geschichte symbolisiert. In seinem Verlauf spiegelt er die Weite des Himmels und speichert seine Farbe. Räumliche und zeitliche Ebene verschwimmen ineinander.

Schiffbarer Teil und Altelde ziehen an diesem Spätsommertag ruhig durch das Land, Wurzelwerk von Pflanzen an den Ufern, Blätterabfall von Sträuchern und Bäumen im Wasser, in der oberen Wasserschicht feine Strukturen von Käfern im Sonnenlicht wie Gespinste einer alten Zeit.

Dies war der Ort der Kindheit, der Ort von Arbeit und Leben: Werden wir ihn entbehren können?

»Der eigene Weg« – Ein moderner Dreigenerationenhof in Zölkow

Halme, feierlich wie hohe Gräser, bilden die Sommerflora der weich geformten, von der Warnow durchschnittenen Landschaft zwischen Goldberg und Crivitz. Umgeben von hellbronzefarbenen Rispen steht die in der Mitte des 19. Jahrhunderts entstandene Bauernstelle: Dies unabschätzbare Heer von Ähren gehört zum Habitus der mecklenburgischen Landschaft und zeigt den Fruchtbarkeitswillen der Erde. Wie ein geschlossenes Blumenfeld erwartet es Bewunderung und Ernte.

Nicht einen Augenblick wird der Plan von Anlage und Pflanzung von dem jungen Landwirt Ronny Markwardt vergessen, er kennt den Kampf um die Ähre, die ihm entrinnt, sobald sie wächst. Stürmische und regenreiche Sommer lassen Schwaches schnell ausscheiden und die enggedrängte Nachbarschaft der Halme duldet nicht Verkümmerndes. Was dann am Boden liegt, muss verkommen.

Gegen die Natur kann hier nichts geschaffen werden, die Schöpfung hat der Ähre nicht als Luxus-, sondern als Nutzpflanze zum Wachstum verholfen. Aus diesem Wissen wachsen Anstoß und Treiben für den Landwirt.

Getragen von Generationen, denen ernst war, was sie liebten, kann Ronny Markwardt auf seinem Hof in der Nähe von Parchim seinen Fuß in die Spur setzen.

Aber er ergänzt sie auch mit Experimentellem. Der Zeit nach der Wende angepasst, wird der junge Landwirt zwangsläufig bestimmt von den unternehmerischen Fähigkeiten, Verantwortung zu tragen und Urteilsfähigkeit zu entwickeln.

Nach einer ersten Hofbesichtigung könnte man meinen, er führe nichts als einen Agrarbetrieb, dennoch kommen in seinem Denken die vorausgegangenen Generationen vor und seine Sprache spiegelt die Faszination der Vorfahren für das Land an der Warnow. Die Härte der Landbebauung aus früherer Zeit ist Kalkulation und planerischer Anstrengung gewichen, doch ist die Verbundenheit mit dem Land dieselbe. Es ist das weite, leicht gewellte Acker- und Wiesenland rund 20 Kilometer nördlich von Parchim, in alten Karten auch bezeichnet als das Land Obere Warnow.

Die Hofanlage, ursprünglich 1863 als Büdnerei auf bescheidener Grundfläche gebaut, wuchs bis 1945 auf 22 Hektar an. Büdnereien entstanden

◄ Renovierter Nordgiebel mit Hof

Hofstein der alten Büdnerei

in Mecklenburg bereits in der zweiten Hälfte des 18. Jahrhunderts. Herzog Christian Ludwig II. äußerte sich in einer Verordnung vom 14. März 1753 besorgt über die Landflucht von vor allem nichterbberechtigten Söhnen von Bauern, die ohne Besitz »eigenen Rauches«, einer Wohnung, auch nicht heiraten durften, und ließ auf Domanialbesitz den Beruf des Büdners schaffen. Zunächst erhielt der Büdner Materialien zum Bau seines Anwesens, eine geringe Nutzfläche von ungefähr einem Hektar und Weiderecht für eine kleine Anzahl von Tieren. Im Verlauf des 19. Jahrhunderts vergrößerte sich die Fläche auf ungefähr fünf Hektar, so dass Büdnereien faktisch kleinen Bauernhöfen glichen.

1945 veränderten sich allmählich die Eigentumsrechte, der Großvater von Ronny Markwardt brachte vorübergehend im Verlauf der Bodenreformmaßnahmen seine Ackerfläche zur gemeinsamen Bewirtschaftung im Dorf ein, dann zu Beginn der 1960er Jahre stellte er sein gesamtes Inventar der LPG zur Verfügung. Viele Jahre wurde mit seinem Eigentum gearbeitet. Als der Vater 1991 seinen Besitz zurückerhielt, schloss er sich keiner Agrargenossenschaft an, sondern wählte mit seinen im ersten Jahr zurückerhaltenen zehn Hektar einen anderen Weg. Er wollte als selbständiger Bauer anknüpfen an die Familiengeschichte. Mit Zähigkeit veränderte er in Handarbeit die Umstände, die sein Dasein erzwungen hatten. 25 Sauen im Stall bildeten den Anfang eines Veredelungsbetriebs, der im zweiten Jahr bereits auf 35 Sauen und 58 Hektar anwuchs. Später musste er sich allerdings aus gesundheitlichen Gründen für die Marktfruchtproduktion entscheiden. In dieser Form arbeitet der Betrieb noch heute.

In Ronny Markwardts alltäglichem Denken spielen Gegenwart und Zukunft die entscheidende Rolle, Rückwärtsgewandtes nimmt keinen Raum ein. Er ist jung, hat in individueller und historischer Sicht viel Zeit, ist der Nachfolger. Vertraut mit den Cross-Compliance-Bestimmungen der EU, den Auflagen im Bereich Umweltschutz, Lebensmittelsicherheit und dem Erhalt der landwirtschaftlichen Nutzfläche in gutem Umweltzustand, arbeitet er zusammen mit seinem Vater und Onkel auf dem 260 Hektar umfassenden Familienbesitz.

Der junge Landwirt geht den geschichtlichen Weg eines Bauern in Mecklenburg, es ist ein bestimmt-bestimmender Vorgang, in dem er steht. Betrachtet er das Bild der Landschaft, die ihn umgibt, in deren Aussehen und Gestalt er bestimmend eingreift, so wird seine Haltung enthusiastisch und seine Wortwahl poetisch: »Wenn man beim Pflanzenschutz mit dem Schlepper durch sich wiegende Wellen von Korn fährt, gibt es Momente, da bekommt man eine Gänsehaut. Du lebst mit den Jahreszeiten, mit den Gerüchen der Erde und nimmst das Sinnliche wahr. Da weiß man, warum man diesen Job macht. Auf einmal spürt man, wie eine Pflanze lebt, wenn es auch nur eine Getreidepflanze ist. Wenn sie krank ist, leidest du mit, wenn die Ähre kommt, bist Du glücklich, wenn das Feld wirklich abgeerntet ist, geben Dir die gelben Stoppeln Ruhe und Frieden: Ich lebe mit meinen Pflanzen bis zur Ernte, das ist der Höhepunkt, das Finish des Jahres, dafür lebt man. Wenn ich dann im Winter über die Felder im Raureif laufe, das bringt Ruhe.«

Als ein Teil der Generationengeschichte und der Natur wird der Landwirt im Alltag jedoch auch bestimmt vom Management des Betriebes, ist Dienstleiter, Betriebswirt, Handwerker und Schlosser.

»Man kann sich heute nichts erlauben, muss sehr viel selbst machen, um die Kosten zu senken. Wir Ossis improvisieren mehr, sind kreativer. Hier wird nicht so oft delegiert.«

Werkstatt

Diese Eigenschaft fördert vor allem die sportliche Großmutter als Kind bei ihm: Viel ausprobieren, in frühem Alter auf der Warnow fahren, lernen, sich etwas zuzutrauen, kein Fernsehen: »Das hat die Kreativität gefördert.« In den Ferien wird gegen einen Obolus auf dem Hof gearbeitet. Die dreijährige Ausbildung zum Landmaschinenmechaniker erweist sich heute als wertvolle Hilfe im Bereich der Instandsetzung von Motoren und Getrieben. Als 2005 die Fachschule für Landwirtschaft in Güstrow nach längerer Ausbildung zum staatlich geprüften Wirtschaftler, Abteilung Landwirtschaft, verlassen wird, hat er etwas Wertvolles für sich und seine Zukunft als Landwirt mitgenommen: »Man soll sich nicht an anderen messen, man soll seinen eigenen Weg gehen.«

Dazu dient eine umfangreiche, fast als historisch

zu betrachtende Werkstatt, die es dem jungen Landwirt erlaubt Reparaturen an seinen großen Landmaschinen auf dem Hof vollständig allein durchzuführen, Motoren vor allem in Herbst und Winter zu überholen. Landmaschinen werden aus diesem Grund nicht gerne verliehen. Hier herrschen Ordnung und anderweitig oft verlorengegangene Fertigkeiten im Gebrauch diverser Werkzeuge. Abgegrenzt und unvermutet entfaltet sich in der Werkstatt eine neue Welt auf dem Bauernhof.

Auch die zu Beginn des neuen Jahrtausends begonnene Renovierung der alten Büdnerei schließt nicht die Trauer um Verlorengegangenes ein, sondern erfolgt in unabhängiger Mentalität: Mit biologischen Baustoffen und neuer Form weist die Familie dem Haus einen Platz in der Gegenwart zu. Geschichtlich dort

Hofansicht mit Landmaschinen

▶ Folgende Seiten: Herbststimmung im Hof

▶ Garten

stehengeblieben, wo Büdnereien ursprünglich angesiedelt wurden, an Ausfallstraßen und nicht im Zentrum eines Dorfes, hat sich dieser Hof jedoch mit seinem architektonisch neuen Gewand aus der Ecke der Nichtachtung herausgeholt und für seine alte Gestalt selbstbewusst eine neue Formstufe gewählt. Wie ein heimkehrender Auswanderer muss der Betrachter vorsichtig seine Sinne auf das unverkennbar Neue einstellen, sein Auge anpassen an das angelegte Kleid und die Notwendigkeit für die Veränderung in Betracht ziehen lernen. Das außen und innen komplett modernisierte Haus umgibt unwider-

sprechlich dieselbe Landschaft. Wind, Regen, Licht und die schwebenden Farben weisen ihm den alten Platz an der Warnow und werden ihm nach und nach eine Seelenform geben.

Dazu trägt der von der Mutter liebevoll angelegte und bearbeitete Garten vor und hinter dem Haus wesentlich bei. Ist es auch nicht mehr der alte Bauerngarten, so enthält er doch noch viele Elemente von Nutz- und Blumenelementen und Ruhezonen. Auch die von der Großmutter gezogenen Buchsbaumkugeln stehen ausgedünnt noch immer einander gegenüber und gleichen Altes Neuem an. So sind es keine

Alte Buchskugeln

Verlassenheitsbilder, die sich einem beim Gang durch das Wiesenstück zur Warnow herunter aufdrängen, nicht Vergangenes dominiert, es ist eher Gleichmut, gewachsen aus der Beziehung zur Natur und Familientradition. Aber der tiefe Einschnitt in der Geschichte des Landes, der auch dieses Haus getroffen und den Mittelpunkt verschoben hat, wird verstanden und gefühlt: Schwere körperliche Handarbeit ist ersetzt durch maschinelle Bearbeitung der umliegenden Felder von nur zwei als Vollzeitkräfte arbeitenden Familienmitgliedern. Der Bruder des Eigentümers arbeitet als Saisonarbeitskraft. So bleibt Zeit für Geselligkeit, die von Ronny Markwardt ausgiebig gepflegt wird. Er ist das jüngste Mitglied im Gemeinderat des Dorfes, beteiligt sich mit seinem Hof an allen dörflichen Aktivitäten und bedauert, dass die am Ort auch existierende Agrargenossenschaft dazu kaum Zeit findet. Dem Landwirt ist bewusst, wie wichtig Gemeinschaft in einem seit Jahrhunderten existierenden Dorf ist. Er möchte den gefühlten Graben überspringen, den die Ereignisse hinterlassen haben.

Das Dorf Zölkow, 1328 urkundlich zuerst erwähnt, bedeutet vermutlich »Ort des Solek«, benannt nach dem Namen des slawischen Lokators. Im 19. Jahrhundert gibt es hier bereits 14 Bauern, die sich bis zum Ende des Zweiten Weltkrieges selbst ernähren können, heute sind es noch zwei Bauern, ein dritter kommt saisonal aus dem Westen. Ein Schatten nur noch von bäuer-

lichem Wirtschaften, eine ferne Erinnerung. Was jetzt wiedergegründet wurde und an die Stelle der bäuerlichen Welt getreten ist, kann nicht dieselbe Form annehmen, die es einmal hatte. Wer Unbeschädigtes sehen möchte, begehrt Unmögliches und mühsam bleibt der Prozess aus dem Sand zu graben, was Lenins Vision von der Industrialisierung des Landes bewirkt hat.

Und dennoch findet sich die Geschichte von Bewahren und Neuanfang bäuerlicher Familientradition im Markwardt-Hof verwirklicht, auch wenn die aktuelle Bezeichnung heute »Betriebsleiter« ist und keinerlei Hinweis auf eine ländliche Arbeit zulässt. Die leidenschaftliche Verbundenheit mit Land und Natur gehört wahrnehmbar zu dieser bäuerlichen Familie. Mensch und Pflanze

sind Teil einer lange tradierten Kulturform. Diese wiederzufinden, möglich zu machen als effizient arbeitende Einzelwirtschaft innerhalb der Agrargenossenschaften in Mecklenburg ist das Verdienst dieser Familie. So schließt sich an diesem Ort mit dieser Familie ein historischer Kreis: Das vor rund 250 Jahren offiziell angestrebte Ziel, Büdnereien gegen Landflucht zu setzen, ist heute zu einer lebendigen Konstanten geworden. Ronny Markwardt läuft in der Spur seiner bäuerlichen Familie, passt sich den heutigen agrarwirtschaftlichen Bedingungen an und genießt seinen Lebensrhythmus wie Generationen vor ihm im Wechsel mit der Natur: »Selbst wenn der Bauer sorgt und handelt, wo die Saat im Sommer sich verwandelt, reicht er niemals hin. Die Erde schenkt.[26]

Wiederhergestellt Ziegelwand in der Diele

»Pionierarbeit im Ostseeland«
Ein altes Dreiständerhaus in Kalsow

Einer der ältesten Handels- und Postwege in Mecklenburg führte von Lübeck nach Stralsund über Wismar und Rostock: Unwirtlich in feuchten Zeiten, unsicher durch Straßenraub zog er sich nur wenige Kilometer südlich vom Ostseerand durch wellige Landschaft. Schwieriges Reisen, fast einsiedlerisch lagen Poststationen, Gasthäuser und Gehöfte. Hin und wieder mit der Fracht durch schützende Alleen, dann erneut Weite. Und immer verstörte der Wind vom Meer.

Viele Jahrhunderte hindurch verhinderte die vom Verkehr abgeschlossene Lage Mecklenburgs die Entwicklung des Wegenetzes. Als Herzog Ulrich von Mecklenburg 1582 zur Reichstagsfahrt nach Augsburg aufbrach, konnte sein Tross wegen der unbeschreiblich schlechten Wege nur vier Meilen am Tag zurück legen, der vierte Tag war ein Rasttag.

Der nach Osten Reisende verließ früher die Stadt Wismar über das Altwismartor in Richtung Rostock über Neuburg. In der Nähe einer erhaltenen, sorgfältig gesetzten kleinen Steinbrücke bei Neuburg, einer der ältesten des Landes, steht auch heute noch ein wegweisender Stein mit der Aufschrift »Calsow«.[27]

Folgt man dem kleinen Sträßchen in südöstlicher Richtung, so kommt man in das seit 1293 existierende Gutsdorf Kalsow, mit anderen kleinen Dörfern 1938 zusammengelegt zum Hauptdorf Benz, seit 1978 zugehörig zum Gemeindeverband Neuburg, den heute die B 105 durchschneidet.

Das kleine wohlhabende Dorf Kalsow, umgeben von Viehweiden, Wiesen und Feldern, ist auch nach der Wende noch an Landwirtschaft orientiert. Einige erhaltene Großbauernhöfe stehen mit ihren mächtigen Hallenhäusern im Dorfkern. Eine besondere Preziose darunter bildet das ehemalige Gehöft der Familie Moll, das nach der Wende neue Besitzer fand.

Ruhig und friedlich liegt es an diesem Spätsommertag in der Landschaft. Links und rechts ohne Nachbarn nimmt es die Weite der Landschaft in seinen Mauern auf und schafft eine Zone von Gemächlichkeit. Sein Reetdach zieht sich tief über die weiß getünchte Fachwerkmauer, die, an manchen Stellen krumm und schief, den Lebensraum vieler Bauerngenerationen umschließt. Ein Haus, durchdrungen von Menschengeist, ein Haus mit einem Gesicht, das mit nur einem Blick schwer zu fassen ist und sich selbst genügt. Tun und Tagewerk haben sich wie Zeichen eingeprägt, ihre Last aber ist vergangen. Das Haus, so wie es da steht,

Baumdetail

weiß zwischen den Zeiten zu versöhnen und zu verbinden. Denn es hat Besitzer gefunden, deren Augen in das Leben der Vorigen hineinzublicken vermögen, so fern es auch ist.

Hochgewachsene Baumgruppen vor der Eingangsdiele hängen ihren Schatten auf das Dach. Die Wiese davor aber liegt in warmer Sonne, eine der Hauskatzen ruht in einer Kuhle aus Klee und Gras. Und der Betrachter kann sein Eingenommensein nicht verleugnen, bereits jetzt beginnt er diesen Ort als einen besonderen zu erfassen.

Wie aber war der erste Blick der heutigen Besitzer auf das Haus? Ließ es sich überhaupt noch so benennen, nachdem es 20 Jahre Leerstand hinter sich und keine Perspektive vor sich hatte?

Nachdem die Kinder der Familie Moll von ihrem Rückkaufsrecht keinen Gebrauch machen woll-

ten und über einen langen Zeitraum niemand im Haus lebte, glich das Haus ohne Fenster und Türen und mit einem notdürftig von der Gemeinde hergerichteten Dach, damit es verkaufbar wurde, und den besonders in der Tenne verwitterten Balken, einer bloßen Hülle. Zwei Herren aus Grevesmühlen hatten vor, es von der Gemeinde zu kaufen, und es galt eigentlich bereits offiziell als verkauft, als dann der Kauf zur Erleichterung der heutigen Besitzer nicht zustande kam. Die Gemeinde schrieb es erneut für den Meistbietenden zum Verkauf aus, so gelangte das Hallenhaus an das Ehepaar. Die Frau stammte aus einem Nachbardorf, der Mann war Seefahrer aus der Umgebung von Merseburg, kennengelernt hatten sie sich auf einem Imkerball und 1978 geheiratet. Als der beauftragte Architekt ihnen die veranschlagte

Summe für die Renovierung des Hauses mitteilte, überstieg diese das vorhandene Budget um ein Vielfaches, der Traum von der Instandsetzung des alten Hallenhauses schien in weite Ferne zu rücken. »Eine Million sollte der Hausumbau kosten, da habe ich die Tür zugemacht und zu Rita gesagt, na, lass uns mal anfangen!«

Wollte man das Haus bewohnbar machen, blieb nur eins: Sich in Materie und Bauweise einarbeiten und so viel wie möglich selbst machen. Jahre der Pionierarbeit begannen.

Für jedes Zimmer wurden ungefähr 200 Lehmwickel in Eigenarbeit hergestellt, dazu in Schwerin ein Lehmkurs besucht, allerlei experimentiert. »Wir haben Roggen angebaut um langes Stroh zu haben, bis wir herausfanden, dass man nur Häcksel und Lehm braucht, Lehm haben wir gegen eine Kiste Bier bekommen. Man musste erst einmal die richtige Mischung herausbekommen. Wir haben probiert, bis es geklappt hat. Für den Lehmputz haben wir in einer Schubkarre Pferdemist, Stroh und Kies geholt, manchmal Spreu vom Getreidelager, da waren Erbsen drin, dann wurde die Wand grün und wir mussten sie wieder weißeln.« Die Balken der Tenne wurden erneuert, schließlich das Dach mit neuem Rohr eingedeckt.

Diese mühselige Arbeit der Wiederherstellung wurde, da das Haus unter Denkmalschutz steht, von der »Interessengemeinschaft Bauernhaus« fachgerecht begleitet. So konnten Fehler vermieden werden. Bis auf den Fliesenleger wurde das Haus handwerklich allein wiederaufgebaut, nur die geräumige Tenne ließ man später neu verputzen. Aber auch die Fliesen in der Küche wurden per Hand hergestellt. Da die Hausherrin bereits zur DDR-Zeit in Berlin eine Ausbildung zur Ergotherapeutin gemacht hatte, konnten alle künstlerischen Fertigkeiten wie Kupferschmieden, Herstellung von Keramik und Flechten bei der Wiederherstellung angewendet werden.

Dankbar schaut das Ehepaar auf diese Zeit zurück: »Wir haben viel gelernt. Besonders schön waren die ersten Weihnachtsfeste in der hohen Tenne, der Weihnachtsbaum, geschmückt mit selbstgeflochtenen Weidenkugeln und Körben, hatte fünf Spitzen. Wir sangen Weihnachtslieder.«

Das alte Haus dankt es seinen Bewohnern. Im Laufe der Zeit, wurde es zu einer Art Wesen, das man nicht gerne allein zurück lässt.

Betritt man das Bauernhaus durch die bei einer Wanderneuerung eingebaute linke Außentür, so wird man von der Vielzahl der gesammelten schönen alten Holzmöbeln überrascht und im Wohnteil mit viel Licht empfangen. Die Fenster mit ihren rotkarierten Vorhängen blicken zum Garten. Ein Fachwerkständer trägt heute noch das Nest eines Hausrotschwänzchens, das zu Beginn der Renovierung hier nistete. Auch ein Engel aus Holz fehlt nicht, der einer Organistin für fünfzehn Mark abgekauft wurde, dabei musste aber ein eintüriger alter Holzschrank ebenfalls mitgenommen werden.

Jedes Möbelstück hat seine Geschichte und passt sich dem Haus an. Es ist ein Haus mit arbeitsamen und fleißigen Menschen, die neben ihrer Berufstätigkeit, die sie täglich bis nach Wismar und Hamburg führt, viel Zeit hergeben, um Land, Garten und Haus zu pflegen. Und dennoch bestimmen Fröhlichkeit und Zufriedenheit die Atmosphäre des Hauses.

Vielleicht knüpfen die heutigen Besitzer damit unbewusst an das Leben der Bauerngenerationen vor ihnen an, die sie in ihrer Wahrnehmung befähigt haben, sich ein Bild vom Dasein im Haus zu machen.

Denn es war eine Großbauernfamilie mit viel fruchtbarem Ostseeland, die in diesem dreiständigen Durchfahrtshaus seit 1767 lebte. Diese Datierung findet sich im alten Torsturz im rückwärtigen Giebel. Hier gab es bis ins 19. Jahrhundert

Wirtschaftshaus
im Garten

eine niedrige Ausfahrt. Als man sie schloss, gewannen die Bauern mehr Wohnraum. Zu beiden Seiten der ungewöhnlich hohen Tenne liegen die Kübbungen, die niedrigen Raumerweiterungen für Ställe, die in der zweiten Hälfte des 18. oder zu Beginn des 19. Jahrhunderts eingebaut und längst zu kleinen, bewohnbaren Stuben gemacht wurden. So bleibt das Selbstverständnis des Bauernhauses bis heute hin nicht nur in Ansätzen, sondern gut sichtbar erhalten.

Auch heute noch verfügt die Familie über viel Land, das sich hinter dem rückwärtigen Wohnteil sanft abneigt. Ein »Spieltuun«, ein senkrecht geflochtener Weidenzaun, begrenzt es an langen Seiten. Im am tiefsten gelegenen Teil spiegeln die

Wolken sich in einem Teich, Weiden umstehen das Ufer, Rosen schwimmen und eine kleine Fontäne spielt mit dem Wasser. Dies ist ein ruhiges Bild, ohne jegliche Dramatik. Vielleicht symbolisiert es in seiner Harmonie das Ende einer für das Hallenhaus zur Gefahr gewordenen Zeit. Vielleicht spiegelt es auch die Lebenszeit der Hausbewohner mit ihrer geglückten Erfahrung der Wiederherstellung eines alten Hauses.

Gleich anschließend an den rückwärtigen Hausteil liegen buchsumstandene Parterrebeete. Einerseits bringen sie einen Anklang an alte Knotengärten, andererseits sind sie mit ihrer Bepflanzung aus Rosen und vielfältigen Blumenarten dem Bauerngarten nachempfunden. Liebevoll stehen

Details von Gartenzierrat um das Haus verteilt, man sammelt altes, bäuerliches Gerät, geflochtene Körbe nehmen die Ernte der Gemüsebeete an der rechten Seite auf. Es ist, als ob die Bewohner nicht aufhören könnten, die Vergangenheit bäuerlicher Geschlechter zu entschlüsseln. Vielleicht haben sie ein Bewusstsein dafür entwickelt, dass nichts wirklich untergeht, nur für einen Moment scheint es so, »aber dann taucht es an anderer Stelle wieder auf«.[28]

In dieses Bild passt auch die Reihe von Kühen, die sich spätnachmittags am Zaun der nach rechts gelegenen Weidefläche versammelt und von der Bewohnerin Bohnenkraut erhält, stumm stehen sie jenseits des Gartens, warten geduldig. Dem Besucher drängt sich der Eindruck auf, dass diese Bewohner gute Bauern geworden wären, rege im Arbeitsalltag, im Einklang mit Tier und Natur.

Die Besitzer haben mit der Anlage des Gartens und der Wiederherstellung des Hallenhauses eine Art stummer Biografie geschrieben, in der die Zusammenstellung sich an Altem orientiert und auch Eigenes und Zukünftiges miteinander verknüpft sind. Sensibilität für die zurückliegende Zeit und Anlage des Neuen schöpfen aus einer Quelle und lassen lebendig werden, was zerstört schien und verlassen lag. Mit Staunen und Respekt betrachtet man das Möglichgewordene: Der Rhythmus des alten Hauses hat seine Kraft zurück erhalten.

Blick auf das Hallenhaus von der Straße

»Aber einn guter Nahme bleibet ewiglich«
Ein Zweiständerhaus in Neu Karin

Der Ort Karin, in der Mitte zwischen Neu und Alt Karin, ist ein Flecken der seit März 2004 neugebildeten Gemeinde Carinerland, seit der Reform von 2011 liegt er in der Gemeinde Neubukow-Salzhaff. Der Name bezieht sich auf das Salzhaff, der Bucht an der Ostsee, die vom offenen Meer durch die Halbinsel Wustrow abgeschnitten wird. Politisch bedingte Kreisreformen bestimmen wieder und wieder die Geschichte Mecklenburgs.

Aber unabhängig von wechselnder Verwaltungszugehörigkeit bildet die Moränenlandschaft um Rostock den immer gleichbleibenden Raum. Geographie und Klima beeinflussen in der Geschichte Leben und Arbeit der hier Wohnenden. Das alte Siedlungsgebiet bot in den unterschiedlichsten Zeiten Überlebensmöglichkeiten für Menschen:

Steinzeitliche Jäger und Sammler fanden vor 5000 Jahren ihre Lebensgrundlage genau so wie die vor 2500 Jahren einwandernden Germanen, die ihre Eisenwerkzeuge aus heimischem Material herstellten. Den seit Beginn des 7. Jahrhunderts siedelnden Slawen war das an der Ostsee liegende Gebiet um Doberan für Siedlung und Fischfang angenehm.

Dann wurde es das Land der Zisterzienser Mönche, der westelbischen Bauern, die andere Haus-, Dorf- und Landbearbeitungsformen mitbrachten. Aber immer war noch genug Raum für alle. Klima und Landschaftsbild änderten sich nur mäßig, das Meer breitete seine Schönheit zu jeder Jahreszeit aus, auch wenn es bisweilen die Gefahr verschleierte für die Boote der Slawen, die nur für den geringen Tiefgang von Nehrung und Haff, Inseln und Bodden ausgelegt waren, für Netzboote und Polts der später siedelnden Fischer. Aber es wuchs zu etwas Vertrautem und dominierte das Leben um Küste und Hinterland. Auch Rodungen konnten dem nicht viel anhaben.

Biegt man von der A 20 in Richtung Karin, so entdeckt man nach wenigen Kilometern seitwärts im Straßenverlauf in kleinen morastigen Wasserlöchern stehende Baumwurzeln, herabgefallene schwarze Äste in sumpfigen Tümpeln und viel Unterholz, ähnlich wild wachsendem Gestrüpp. Einzelne, im September bereits schräg fallende Sonnenstrahlen bringen kein Licht, eher zeigen sie wie mit einem Finger auf Undurchdringliches. Der Raum links und rechts der schmalen Straße wirkt eine Zeitlang wie einer, der sich aus der Zivilisation herausgenommen hat. Und doch ist dies der Landstrich zwischen den beiden großen, nicht viele Kilometer auseinanderliegenden Städten Rostock und Wismar.

◄ Weg zum Zweiständerhaus

Auf dem Koppelzaun

Links: Sitzecke
im Garten

Rechts: Scheunentor

Auch Doberan mit seinem berühmten Münster liegt nicht weit.

Die Landschaft weitet sich erst wieder, sobald man sich der Alt Kariner Kirche nähert. Der Ort liegt etwas südwestlich des Salzhaffes und des Landschaftsschutzgebietes Moitin, einem überstauten Kesselmoor. Im See, umsäumt von Röhricht aus Schilf und Rohrkolben, umfliegen Lachmöwen, die kleinste der in Mitteleuropa brütenden Möwenarten, mit ihren grauen Schwingen eine schmale Insel, ihre durchdringenden Rufe übertönen diejenigen der hier auch siedelnden Taucher- und Entenarten.

Bis nach Alt Karin breitet sich ihr Geschrei nicht aus. Es hätte ohnehin kaum eine Möglichkeit die Mauern der alten Backsteinkirche zu durchdringen, deren einschiffiges Langhaus auf einem zwei Meter hohen Felssteinfundament ruht und deren hoher quadratische Turm weit über das Land hinaus Ruhe ausstrahlt. Heinrich Johann Bülle schuf

den Barockaltar mit seinen geschnitzten vier Evangelisten. Die Kirche, Mittelpunkt der 1233 urkundlich erwähnten Parochie, hat in ihrem Patronat nicht nur häufig wechselnde Rittergutsbesitzer gehabt, sondern hält auch in ihren Mauern die Klagen der Bevölkerung, der Bauern und Tagelöhner, während der Leiden im Dreißigjährigen Krieg verborgen. Sie hat versucht, den Tränen der wenigen überlebenden Dorfbewohner Trost zu sein, deren Familien der Pest, den Seuchen und der in diesem Landesteil während ihrer Großmachtpolitik besonders wütenden Schweden zum Opfer fielen. Die Übriggebliebenen des Kirchspiels bekamen kurze Zeit später mit Carl Leonhard Müller von der Lühne einen neuen Patronatsherrn. Er war Deutscher wie sie auch, der Ursprung der Familie liegt in Lüneburg. Aber als Kommandant von Stettin und Stellvertreter des Kommandanten von Schwedisch-Vorpommern hielt er sich auf der Seite der Macht, deren

Pumpe vor dem Haus

▶ Folgende Seiten:
Das mehrteilige
Reetdach

Eroberungsdrang die Bauern Leid und Armut verdankten. Gewiss, sie waren Bauern im Status von Leibeigenen, aber die Geschichte führte ihnen immer wieder neu ihre Ohnmacht vor.

1749 fiel das Patronat an den Herzog Christian Ludwig II zurück, das Gebiet um Karin wurde herzogliches Domanialland.

Gut 150 Jahre später können die ehemals Leibeigenen der Hofstelle am Dorfausgang von Neu Karin Bauernhaus und Land nun als Erbpächter vom Großherzog erwerben. Ihr Hof ist im Dreißigjährigen Krieg nicht der Brandschatzung zum Opfer gefallen. Als im Dorf am Ende des 19. Jahr-

hunderts viel gebaut wird, wird 1894 auch der Hof umgebaut und erhält eine neue massive Scheune. Im Haupthaus errichtet man einen massiven Wohnteil mit einer schönen Raumhöhe. Dann reichen die Mittel nicht weiter, weil man mit einer Bürgschaft von 50 000 Reichsmark am Rostocker Getreidehandel mitverdienen will. Als das Schiff strandet, müssen die Bewohner des Bauernhauses mit der Summe aufkommen. Der Hof kann gehalten werden, aber am Haus wird nur noch Minimales erneuert. Der heutige Bewohner stellt lakonisch fest: »Es wurde nur noch gewirtschaftet, beziehungsweise abgewirtschaftet.«

Eingang zum Wohnbereich

◄ Gotlandschafe

Auf diese Art blieb das alte Hallenhaus erhalten. Das Zweiständerhallenhaus birgt für Mecklenburgs Bauernhausgeschichte eine weitere Besonderheit: Das Kerngerüst stammt vom Anfang des 17. Jahrhunderts, sein Gebälk lässt sich einordnen in die Zeit von 1590 – 1610. In diesem Zeitraum müsste das Haus errichtet worden sein. Die Verzimmerungsart, die Verblattung mit einer Verzierung zu versehen, lässt auf mittelalterliches Handwerk schließen, denn nach dem Dreißigjährigen Krieg war sie so, wie hier noch vorhanden, nicht mehr üblich: Die Verzapfung trat an ihre Stelle. Leider wurden um 1980 herum alle Hofpapiere gestohlen, so dass schriftliche Anhaltspunkte über die Geschichte fehlen. Noch zur DDR-Zeit setzt sich der Rostocker Bauernhausforscher Baumgarten aufgrund seines alten Gebälkes für die Aufnahme des Hofes auf die Denkmalliste ein, doch Mittel zur Sanierung fehlen. Zu diesem Zeitpunkt ist das Haus bereits in einem traurigen Zustand. »Ein Teil vom Land wurde noch als Schrebergarten genutzt. Das Haus war herunter gekommen, überall lagen Trümmer herum, aber nichts war ernsthaft abgerissen. Das Dach war offen. Innen war alles geplündert. Zum Schluss lebte hier jemand, der hielt Doggen, Federvieh und Schweine im Stall. Die Hunde haben hier gewühlt, überall fanden wir Linoleum und Schaumstoff.« Trotz dieser Umstände braucht man, als die ehemalige Vollbauernstelle 1989 mit dem Garten erworben wird und die Renovierungsphase beginnt, nicht einen einzigen Schuttcontainer.

»Wir haben das Haus trocken gelegt, die Mauern ausgetauscht und weiterverwendet, einiges zurück gebaut und neue Fenster eingesetzt. Das noch übrig gebliebene Rohr haben wir vom Dach genommen und das Haus erst einmal mit Wellaluminium zugemacht, damit es trocken wird. Das neue Rohr haben wir nur in Etappen bekommen. Eigentlich haben wir heute drei Arten von Rohr: Selbstgeschnittenes, Abgedecktes und Wiederverwendetes, Hinzugekauftes. Deswegen auch die unterschiedlichen Schattierungen im Dach.« Das in Schauben auf das Dach gebrachte Rohr wird mit Bindedraht an die Dachlatten gebunden. Um undichte Stellen zu vermeiden, muss der First besonders gedeckt und ungefähr alle 20 Jahre erneuert werden.

Die Denkmalbehörde macht das Aufmaß des Dachhauses, sie fördert auch finanziell die Wiederherstellung. Daran beteiligt sich auch eine Cousine aus dem Westen mit einem zinslosen Darlehen. Ein Rohrdachförderungsprogramm sieht einen Anteil für die Dorferneuerung und einen für die Eigenleistung vor. Sechzig Prozent können auf diese Weise abgedeckt werden. Die Denkmalpflege beteiligt sich auch an den neuen Fenstern. Aber noch gibt es keine Heizung: »Da wurde uns klar, es wird eine lange Geschichte.« Der letzte Bauer auf der Hofstelle besaß 44 Hektar Land. Damit wurde sein Hof in Volkseigentum umgewandelt, enteignet und in den sechziger Jahren zwangskollektiviert. »Die Bauern der großen Höfe, früher reihum im Dorf als Schulze tätig, hatten jetzt Tagelöhner für diese Aufgabe, es war wie das Bauernlegen nach dem Dreißigjährigen Krieg. Der Bauer auf diesem Hof hatte noch ein Schwein für den Eigenbedarf. Man zeigte ihn an, er kam ins Zuchthaus. Der letzte Bruder hat hier bis 1984 gelebt, als Mieter im eigenen Haus. Nach ihm sollte es abgerissen werden.«

Das Dorf Neu Karin war bis in die siebziger Jahre nur über Sandwege erreichbar, das Hallenhaus der letzte Hof im Ort, versteckt hinter Hecken, von Büschen eingewachsen, Holunder auf dem Dach. Bestimmung und Bestimmbares: Nach subjektiver Einschätzung weicht die Geschichte ihnen eher aus, sie legt sich nicht fest, lässt ein Erkennen nicht zu, windet sich heraus, entscheidet eher willkürlich. Verfehlt sie aber deswegen ihren

Hallenhaus: Wohnteil mit Stockrosen

Sinn? Für die Biografie der heutigen Bewohner ganz und gar nicht. Gerade der verwunschene Charakter des Hauses am Dorfende erfuhr spontan ihre Zuneigung. Seit einiger Zeit fuhr der Tischlermeister, in Rostock in einer Kellerwohnung lebend, mit seinem alten Motorrad auf oft schwer passierbaren Wegen über Land auf der Suche nach einem geeigneten Haus, um sich eine Tischlerwerkstatt einzurichten. Ein Impuls ließ ihn innehalten: Unbeirrt vom verfallenen Charakter spürte er dem schweigsam und verborgen liegenden Ort die Geschichte ab und erkannte den Wert für sein Projekt. Auch der Zeitpunkt stimmte. Das Jahr 1989 ließ auf eine Zukunft hoffen, in der Individualität Gestalt annehmen durfte, besonders wenn man zu der Kirchenge-

meinde in Rostock von Johannes Gauck gehörte: War das nicht Bestimmung, in der man endlich selbst über sein Leben bestimmen durfte? »Der VEG-Direktor setzte als Bedingung für den Hauskauf, dass ich im Kuhstall mitarbeite. Er hat Wort gehalten, es wurde zunächst auf die Gemeinde, dann auf die Treuhand umgeschrieben, ich konnte Haus und Garten, das Land nicht, dann von der Gemeinde kaufen. Im Herbst 1989 arbeitete ich einerseits im Kuhstall, andererseits besuchte ich Demonstrationen in Rostock.«

Neu Karin wird zu einem idealen Siedlungsort, für das Landschaftsbild um einen Hektar aufgeforstet, kann er 2010 wie eine Kleinwirtschaft aufgezogen werden, weil man endlich zehn Hektar dazu kaufen kann. 30 Gotlandschafe finden ihr Futter auf der Weide, getränkt mit Wasser aus dem Ziehbrunnen vor dem Haus. »Es muss eine Nutzung geben, etwas Spezialisiertes – ein Leben auf dem Hof, so ganz wie früher, ist nicht mehr möglich, aber ein bisschen Kleinwirtschaft, so dass sich das Land wieder trägt.« Hier am Ende des Dorfes genießt man alle Freiheiten: »Wir haben Nachbarn, aber alle Vorteile eines Lebens in Abgeschiedenheit, wir können Feuer machen, lagern, einfach sein.«

Die Ehefrau hat schon als junges Mädchen den Wunsch verspürt in einer alten Scheune leben zu dürfen. Kommt sie nach einem beruflich bedingten Aufenthalt aus Hamburg zurück, fällt bereits beim Länderschild »Mecklenburg-Vorpommern« »alles von mir ab«. In den Wohnräumen hängen Gemälde eines ihrer Verwandten, des 1971 verstorbenen Malers Karl Kunz. Seine surrealistische Malweise bestimmt die Aufmerksamkeit des Besuchers und knüpft eine Brücke zwischen altem Haus und Moderne.

Von der Perspektive des Gartens aus wirkt das Haus, besonders im Winter, »wie eine Glucke«. Eine treffendere Aussage könnten die Bewohner für ihr Haus nicht finden. Es gleicht einem in der Kindheit angefertigten Bild, das man zur Stütze sein Leben lang mit sich herum trägt, mit dem man gedanklich immer wieder spielt, das manchmal wie im Traum unscharf wird, aber immer aussieht, als gäben seine Mauern Ruhe und Halt. Diese Betrachtungsweise wird beeinflusst von der Sensibilität seiner Bewohner für Geschichte. Sie fühlen sich verantwortlich, Haus und Hof zu erhalten. Dabei denken sie zunächst an ihre vier Kinder, aber dann richtet sich der Blick auch auf die Generationen der unbekannten Hofbauern. Sie leben im Bewusstsein der heutigen Bewohner, denn sie haben das Haus erbaut und erhalten, das sich so ausdrucksvoll dem Landschaftsbild anpasst. Allen hier Lebenden war das Haus zubestimmt: Den Leibeigenen und Erbpächtern, den ersten Besitzern und Enteigneten.

Diese Geschichte können wir nur von außen beobachten. Die heute hier lebende Familie ist einen Schritt weiter gegangen, indem sie den Zusammensturz des Hauses aufgehalten und den hier ansässigen Bauern die Anonymität genommen hat.

Die Familie von der Lühne hat ihre Begräbnisstätte nicht hier am Ort. Sie kaufte sich im Dom St. Nikolai in Greifswald eine Prunkstätte wie andere Adlige der frühen Neuzeit, um ihre Bedeutung zu unterstreichen. Immerhin war ihr erster Vorfahre von der schwedischen Königin Christine geadelt und Carl Leonhard Müller von der Lühne 1693 in den schwedischen Adelsstand introduziert worden. Auf einer dieser frühbarocken Sarkophage im Dom findet sich die Inschrift: »Aber einn guter Nahme bleibet ewiglich.«

Diese Huldigung könnte als geschriebenes Ornament dem Hoftor des Niedersachsenhauses in Neu Karin hinzufügt werden, auch wenn der größte Teil seiner Generationenkette heute namenlos ist.

Anhang

Karte

Anmerkungen

1 Karl Baumgarten, Das Bauernhaus in Mecklenburg. Berlin 1965
Der Bauernhausforscher Karl Baumgarten hat seine jahrelangen, verdienst-
vollen Forschungen zu diesem Thema in mehreren wissenschaftlichen
Publikationen festgehalten und die besondere Architektur, Geschichte
und Entwicklung des Niederdeutschen Hallenhauses beschrieben. Darüber
hinaus verdankt ihm das Land Mecklenburg die Bewahrung einiger Hal-
lenhäuser.
2 Christa Wolf, Sommerstück. Berlin und Weimar 1989
3 Karl Wachtel, Dechow – Ein historischer Abriss. Von den Anfängen bis ins
21. Jahrhundert. Dechow 2004. S. 12
4 Ollmann, Bilder aus dem Volksleben des Ratzeburger Landes.« 1920.
Zitiert nach http://www.dorf.dechow.de/Lankow.html
5 Georg Trakl, Dichtungen und Briefe. 3. Aufl. Salzburg 1974.
6 Eberhard Specht, Familiengeschichte des Kirchspiels Schlagsdorf. Schönberg 2005. S. 144
7 Eberhard Specht, a. a. O., ebenda
8 Eberhard Specht, a. a. O., S. 135
9 Heidemarie Frimodig. Schönberg im Ratzeburger Land. Ein Lesebuch.
Rehna 2003
10 Heidemarie Frimodig, a. a. O., S. S.47
11 Otto Schmidt, Mecklenburg – Ein Heimatbuch. Wismar 1925. S. 264
12 Margarete Wegener, Aus meinem Leben. O. Jahr, ohne Ort. S. 15
13 Rainer Maria Rilke, Ausgewählte Werke. 1. Band. Gedichte. Wiesbaden
1960. S. 293
14 Jürgen Dahl, Nachrichten aus dem Garten. 3. Aufl. München 1993. S. 63
15 Jürgen Dahl, a. a. O. S. 5
16 Otto Schmidt (Hrsg.), Mecklenburg. Ein Heimatbuch. Wismar 1925
17 Zitiert nach »Park und Garten im 18. Jahrhundert. Colloquium der Arbeitsstelle 18. Jahrhundert.« Gesamthochschule Wuppertal, Würzbug und
Veitshöchheim 26.–29. September 1976. Carl Winter Universitätsverlag.
Heidelberg 1978. S. 85
18 Pastor Jochen Meyer-Bothling, Aus der Geschichte des Kirchspiels Diedrichshagen. 4. Sonderheft des Heimatvereins e. V.
19 Henning Müller, Quo vadis? »Alte Wege-neu entdecken«. Historische
Handels-, Post- und Frachtstraßen in Nordwestmecklenburg.
In: Einblicke 15, Hrsg. Vom Landkreis NWM, Oktober 2011
20 Pastor Jochen Meyer-Bothling, a. a. O., S. 23
21 Pastor Jochen Meyer-Bothling, a. a. O., S. 3
22 FAZ, Reiseteil. Donnerstag, 19. April 2012. Nr. 92.R5
23 Marina Zwetajewa, Auf eigenen Wegen. Frankfurt 1987. S. 250. Geschrieben 1924 in Prag im Exil
24 Edmund Schroeder, Mein Mecklenburger Land. Bild einer deutschen
Landschaft. Schwerin 2. Aufl. 1958, S. 173
25 Schroeder, a. a. O., S. 175
26 Rainer Maria Rilke, Die Sonette an Orpheus, XII. Frankfurt a. M. 1959.
S.16
27 Angaben aus: Henning Müller, Quo Vadis? »Alte Wege – neu entdecken«.
Einblicke 15. Hrsg. Landkreis Nordwestmecklenburg. 2011. S. 51–59
28 Alexander Kluge, Zitiert nach: Frankfurter Allgemeinen Zeitung vom
6. März 2012, Nr. 56. S. 27

Literaturverzeichnis

Baumgarten, Karl: Das Bauernhaus in Mecklenburg. Berlin 1965
Bothling, Pastor Jochen: Aus der Geschichte des Kirchspiels Diedrichshagen.
4. Sonderheft des Heimatverein e. V.
Dahl, Jürgen: Nachrichten aus dem Garten. 3. Auflage. München 1993
Frimodig, Heidemarie: Schönberg im Ratzeburger Land. Ein Lesebuch. Rehne
2003
Müller, Henning: Quo vadis? »Alte Wege - neu entdecken«. Historische
Handels-, Post- und Frachtstraßen in Nordwestmecklenburg. In: Einblicke
15. Hrsg. vom Landkreis Nordwestmecklenburg Oktober 2011
Ollmann, Bilder aus dem Volksleben des Ratzeburger Landes.« 1920.
Zitiert nach http://www.dorf.dechow.de/Lankow.html
»Park und Garten im 18. Jahrhundert. Colloquium der Arbeitsstelle
18. Jahrhundert.« Gesamthochschule Wuppertal, Würzbug und
Veitshöchheim 26.–29. September 1976. Carl Winter Universitätsverlag.
Heidelberg 1978. S. 85
Rilke, Rainer Maria: Die Sonette an Orpheus. Frankfurt am Main 1959
Rilke, Rainer Maria: Ausgewählte Werke, 1. Band. Wiesbaden 1960
Schmidt, Otto (Hrsg.): Mecklenburg. Ein Heimatbuch. Wismar 1925
Schroeder, Edmund: Mein Mecklenburger Land. Bild einer deutschen
Landschaft. 2. Auflage. Schwerin 1958
Specht, Eberhard: Familiengeschichte des Kirchspiels Schlagsdorf.
Schönberg 2005
Trakl, Georg: Dichtungen und Briefe. 3. Auflage. Salzburg 1974
Wachtel, Karl: Dechow. Ein historischer Abriss. Von den Anfängen
bis ins 21. Jahrhundert. Dechow 2004
Wegener, Margarete: Aus meinem Leben.
Wolf, Christa: Sommerstück. Berlin und Weimar 1989
Zwetajewa, Marina: Auf eigenen Wegen. Frankfurt 1987

Widmung

Für Jonas und Johanna Pia zur Erinnerung an ihre mecklenburgischen Wurzeln

Dank

Graben im Sand: Auf sich allein gestellt ein schwieriges Procedere. Dank zunächst an alle Menschen, die ihre Häuser geöffnet und die nicht immer einfach zu erinnernde Familien- und Hausgeschichte preisgegeben haben.

Besonderen Dank an meine Familie für fotografische, technische und emotionale Unterstützung, an Frau Margarete Wegener für unermüdliche Bewirtung und wertvolle Hinweise, an Frau Siegrid Hackert von der »Interessengemeinschaft Bauernhaus« für freundschaftliche und professionelle Unterstützung, an den Schweriner Freundeskreis für vielfältige Hilfe. Dank auch an Herrn Freude, Herrn Redersborg und Herrn Rotermann für die Darstellungen mecklenburgischer Agrar- und Landesgeschichte. Herzlichen Dank an Herrn Karl Schroeder für die Geschichten aus seinem Niederdeutschen Hallenhaus in Grieben.

Herzlichen Dank an Frau Monika Gardt von der Universität Heidelberg für ihre wertvolle Hilfe.

Herzlichen Dank dem Lektorat, besonders Herrn Runge, für Ermutigung, geduldige und freundliche Begleitung.

Zur Autorin

Die Autorin, 1949 geboren in Schwerin, verheiratet, zwei Kinder, lehrt nach einem Geschichts- und Germanistikstudium an der Universität Heidelberg Deutsche Sprache und Kultur. Sie beschäftigt sich mit dem kulturhistorischen Erbe Mecklenburgs und verfasste 2005 das Buch »Pfarrhäuser und Pfarrhausgärten in Mecklenburg«.

Die Deutsche Nationalbibliothek verzeichnet diese Publikation in der Deutschen Nationalbibliografie; detaillierte bibliografische Daten sind im Internet über http://dnb.d-nb.de abrufbar.

1. Auflage 2013
© Steffen Verlag / Steffen GmbH
Erich-Weinert-Straße 138, 10409 Berlin
Tel.: (0 30) 41 93 50 08, www.steffen-verlag.de, info@steffen-verlag.de

Titelfoto/Fotos: Christiane Schadewaldt, außer
Seite 62: Margarete Wegener
Seite 101: Thea Timm und Sonja Vohland

Herstellung: Steffen GmbH, Mühlenstraße 72, 17098 Friedland,
www.steffendruck.com

ISBN 978-3-942477-34-5